东吴法学文丛·公法文丛

职务犯罪调查制度研究

邵 聪◎著

中国政法大学出版社

2022·北京

声　明　　1. 版权所有，侵权必究。

　　　　　2. 如有缺页、倒装问题，由出版社负责退换。

图书在版编目（CIP）数据

职务犯罪调查制度研究/邵聪著. —北京：中国政法大学出版社，2022.4
ISBN 978-7-5764-0428-9

Ⅰ.①职… Ⅱ.①邵… Ⅲ.①职务犯罪－案件－调查研究－中国 Ⅳ.①D924.304

中国版本图书馆CIP数据核字(2022)第072840号

出　版　者	中国政法大学出版社
地　　　址	北京市海淀区西土城路 25 号
邮寄地址	北京 100088 信箱 8034 分箱　邮编 100088
网　　　址	http://www.cuplpress.com（网络实名：中国政法大学出版社）
电　　　话	010-58908586(编辑部) 58908334(邮购部)
编辑邮箱	zhengfadch@126.com
承　　印	固安华明印业有限公司
开　　本	720mm×960mm　1/16
印　　张	11.75
字　　数	200 千字
版　　次	2022 年 4 月第 1 版
印　　次	2022 年 4 月第 1 次印刷
定　　价	49.00 元

前言 ABSTRACT

十八大以来，在遏制腐败受到空前重视的政策背景下，监察委员会制度启动试点。《监察法》[1]的正式出台，引发了职务犯罪调查制度的嬗变。职务犯罪调查制度，主要包括职务犯罪调查机构、职务犯罪调查权、职务犯罪调查措施和职务犯罪调查保障机制四项内容。监察委员会成立后，主要的职务犯罪调查（侦查）机构从检察院反贪、反渎部门转变为监察委员会，职务犯罪侦查权转变为职务犯罪调查权，职务犯罪调查措施从《刑事诉讼法》规定的侦查措施转变为《监察法》规定的调查措施。

从职务犯罪调查机构的设置模式来看，各国存在警察调查模式、检察官调查模式和专门机构调查模式三种。十八大以来，我国职务犯罪调查从检察官侦查模式，改革为专门反腐机构调查模式。20世纪下半叶以来，世界范围内出现了建立专门反腐机构的趋势。但比较研究可以发现，大部分有效性不强，正当性也存在问题。专门反腐机构模式固然值得学习，但并不意味着有了专门反腐机构就能建成廉洁国家。专门反腐机构有效性的保障，仰赖职责功能、调查措施、经费薪酬、机构独立和监督机制等制度的建构。我国监察委员会制度仍需要加强预防与教育功能，完善技术调查和污点证人豁免制度，提高监察人员薪酬，加强对监察委员会的监督。机构改革的核心在于，保障监察机关的独立性。这种独立性，既包括防止其他机构对于监察机关独立行使调查权的影响，也要兼顾监察机关对于其他机构独立行使职权的影响。

---

[1]《监察法》即《中华人民共和国监察法》，为行文方便，本书所涉我国法律均略去"中华人民共和国"，而直接使用简称，全书统一，后不赘述。

对职务犯罪调查权性质的界定，存在多种观点，包括政治权力说、侦查权力说、特殊权力说和复合权力说等。就权力属性而言，职务犯罪调查权是一种行政性的权力，复合了违纪调查、违法调查和犯罪调查三种属性。对职务犯罪调查权应受何种法律约束，当前存在三种观点，即刑事诉讼法说、单行立法说和折中说。从各国实践和操作难度来看，第三种观点最为适宜。职务犯罪调查权作为一种适用对象广泛、强制程度极高的权力，若缺乏充分的程序控制，有被滥用的可能。为此，应当对职务犯罪调查权中严重限制被调查人权利的决定结果进行司法审查，对职务犯罪调查权的执行进行检察监督，并允许律师介入以保护被调查人的合法权利。

职务犯罪调查阶段，适用的主要是《监察法》。到了职务犯罪起诉和审判阶段，则适用《刑事诉讼法》。两部法律针对的诉讼阶段、规制的权力部门和设置的强制措施均不相同，但认罪认罚从宽等程序和涉案犯罪证据需要进行顺畅的过渡和衔接，以使刑事诉讼程序能够顺利进行。职务犯罪调查中的监检衔接问题，技术性强且功能性凸显，更多是对局部衔接问题的便利性修缮。即便如此，也对传统的刑事程序和证据理论提出了诸多挑战。

我国职务犯罪调查措施存在规制模糊、种类匮乏和人身强制性高的特点，并由此引发了调查权力恣意化、技术调查措施适用不足、调查措施匮乏和调查手段粗暴化的问题。在考察域外做法和总结本土经验的基础上，未来宜由模糊规制转向精确规制，由片面依赖羁押转变为现代性侦查措施与传统调查措施并用，由人身强制走向罪责强制，实现职务犯罪调查措施的诉讼化、灵活化和法治化。

污点证人豁免制度，随着2018年《刑事诉讼法》的修正，在我国正式宣告确立。在我国，污点证人豁免存在不予立案、撤销案件、不起诉和从宽处罚四种豁免方式，但存在程序上的后置性、概率上的或然性、程度上的部分性、操作上的随意性等问题。为此，宜借鉴证据使用豁免的豁免模式，构建规范型的豁免程序，采纳"完全符合式"的审查标准，建构重新起诉、追究伪证和蔑视法庭罪刑事责任等保障机制。

普通调查措施，作为监察机关广泛适用的权利干预轻、法律规制弱和使用频率高的调查措施，包括谈话、讯问、询问、查询、冻结、调取、查封、扣押、搜查、勘验检查和鉴定。其中，谈话、讯问、询问、冻结、查封、扣押和搜查措施,应当协调《监察法》和《刑事诉讼法》的适用衔接问题。调取措施,应当明确启动程序,附加强制性法律后果,并设置基于法律职业特权的例外。

  为降低职务犯罪的定罪难度,应完善我国的贿赂推定证据制度。从整体来看,我国刑事推定仍处于粗放扩张阶段,我国建立贿赂推定,有其必要性与合理性,但是最高人民法院、最高人民检察院的司法解释存在侵害无罪推定原则、剥夺辩护权等问题,应当进行完善。为此,必须实现贿赂推定的丰富化、多元化和柔性化,并实现推定反驳的法定化和标准化。

目 录

第一章　导论 ▶ 001

一、研究背景和问题意识 ▶ 001

二、主要文献综述 ▶ 006

三、研究方法 ▶ 014

第二章　职务犯罪调查机构的设置 ▶ 016

一、域外职务犯罪调查机构的设置模式 ▶ 016

二、我国职务犯罪调查机构设置的历史变迁 ▶ 020

三、专门反腐机构与腐败治理的关系 ▶ 022

四、我国监察委员会制度尚需完善的问题 ▶ 033

五、监察委员会制度改革的基本思路 ▶ 035

六、监察体制改革的核心：机构独立性 ▶ 037

第三章　职务犯罪调查权的法律规制 ▶ 044

一、监察机关调查权的性质 ▶ 044

二、职务犯罪调查权的法律控制 ▶ 049

第四章 职务犯罪调查法与刑事诉讼法的体系衔接 ▶ 057

一、监察证据与刑事诉讼证据的衔接 ▶ 057

二、检察机关提前介入的衔接 ▶ 061

三、立案程序的监检衔接 ▶ 064

四、强制措施的监检衔接 ▶ 067

五、退回补充调查的监检衔接 ▶ 073

六、认罪认罚从宽的监检衔接 ▶ 078

七、辩护权保障的监检衔接 ▶ 085

第五章 职务犯罪调查措施的体系转型 ▶ 087

一、我国职务犯罪调查措施的特征 ▶ 087

二、我国职务犯罪调查措施需要完善的问题 ▶ 091

三、域外职务犯罪调查措施考察 ▶ 093

四、我国职务犯罪调查措施的体系转型 ▶ 098

第六章 职务犯罪调查中交易性调查措施的适用 ▶ 101

一、我国贿赂犯罪污点证人豁免的四种方式 ▶ 101

二、我国贿赂犯罪污点证人豁免存在的问题 ▶ 104

三、我国贿赂犯罪污点证人豁免模式的选择 ▶ 107

四、我国贿赂犯罪污点证人豁免程序的创设 ▶ 113

五、我国贿赂犯罪污点证人审查机制的建构 ▶ 117

六、保障机制的确立 ▶ 119

第七章 职务犯罪调查中普通调查措施的适用 ▶ 123

一、职务犯罪普通调查措施的体系 ▶ 123

二、职务犯罪普通调查措施存在的问题及改进 ▶ 126

第八章 职务犯罪的特殊证明方式：贿赂推定 ▶ 138

一、制度背景：刑事推定在中国的扩张 ▶ 138

二、贿赂推定的比较研究 ▶ 140

三、规制刑事推定应当考虑的因素 ▶ 143

四、我国建立贿赂推定的现实合理性与存在的问题 ▶ 148

五、完善我国贿赂推定的基本思路 ▶ 152

附　录　美国诱惑调查措施的考察与批判 ▶ 156

一、美国职务犯罪诱惑调查的现状、优势和问题 ▶ 156

二、诱惑调查的功能与争议 ▶ 165

参考文献 ▶ 169

第一章
导 论

一、研究背景和问题意识

十八大以来，党中央反腐力度空前，将加强职务犯罪控制纳入执政核心主题之中。十八大后的 5 年内，被立案审查的十八届中央委员和中央候补委员共 43 人，中纪委委员 9 人。全国纪检监察机关对 154.5 万件案件进行立案调查，并处分了 153.7 万人，其中厅局级干部超过 8900 人，处级干部约 63 000 人，5 年内查处官员人数超过改革开放后 30 年的总和。[1]

（一）我国传统职务犯罪调查（侦查）体制的缺陷

大量官员被查处，一方面表明我国自十八大以来反腐工作成效显著，另一方面也表明我国以前的反腐机制存在缺陷，有必要进行改革与完善。那么，我国以前的反腐机制到底存在哪些问题呢？

一是调查机构分散、多头执法的问题。旧的职务犯罪调查体系中，行政系统内设有行政监察部门和预防腐败部门，有权调查官员违纪违法的情况。纪委作为党的纪律检查机构，名义上主要调查官员违纪行为，实践中也承担着对于官员违纪和违法行为的调查责任。检察系统内设有反贪污、反渎职、预防职务犯罪等机构，是法定的职务犯罪专门侦查机构。调查腐败的力量和资源分散，反腐工作效能受到很大影响，各反腐败机构之间的职能衔接也存在一定问题。有学者提出，原有体系中的反腐体系重合化、机构职能非统筹化、制度构建非契合化，影响了反腐机制运行的整体效果。[2]

---

[1] 参见 2017 年 10 月 24 日中国共产党第十九次全国代表大会通过的《十八届中央纪律检查委员会向中国共产党第十九次全国代表大会的工作报告》。

[2] 刘艳红："中国反腐败立法的战略转型及其体系化构建"，载《中国法学》2016 年第 4 期，第 222 页。

二是调查权力配置"头重脚轻"的问题。党的纪律检查委员会作为党内调查违纪行为的监督机关,本应负责违纪行为的调查,但由于其有权采取"双规"措施,严厉程度更甚于刑事逮捕措施,破案效果也好于刑事逮捕措施,在职务犯罪领域破案能力更强,成了主要的职务犯罪调查主体。检察院反贪局本是法定的职务犯罪侦查机关,但在职务犯罪调查上严重依赖纪委,往往扮演在纪委调查取得突破后将调查所得材料转化为刑事证据的角色。由此,纪委这条法定的"短腿"成为实践中的"长腿",带着职务犯罪调查往前走;而检察院这条法定的职务犯罪侦查"长腿"却严重萎缩,更多承担起了辅助性的工作。

(二) 职务犯罪调查体制改革的主要内容

鉴于以上原因,建立集中统一、权威高效的国家监察制度成了解决反腐权力分散的强烈要求,以及实现党的监督和国家监督相协调的客观需要。在这种需求之下,我国对职务犯罪调查制度进行了彻底的改革:

第一,职务犯罪调查机构的改革。主要的职务犯罪调查权被从检察院转隶至监察委员会。《监察法》第3条规定,各级监察委员会是行使国家监察职能的专责机关,监察所有行使公权力的公职人员,调查职务违法和职务犯罪,开展廉政和反腐工作,维护宪法和法律的尊严。监察委员会与同级纪委合署办公,目前来看属于"一个机构,两块牌子",从而实现了一套班子对嫌疑人的违纪、违法和犯罪行为的无缝衔接式调查。《刑事诉讼法》第19条规定,对诉讼活动中司法工作人员利用职权实施的非法拘禁、刑讯逼供、非法搜查等侵犯公民权利、损害司法公正的犯罪,可由检察院立案侦查。公安机关管辖的国家机关工作人员利用职权实施的重大犯罪案件,需要检察院直接受理时,经省级以上检察院决定,可由检察院立案侦查。检察院保留了基本的诉讼监督权,对司法工作人员损害诉讼程序公正性的行为,保留了侦查和起诉的权力。从两个方面看,主要的职务犯罪调查权已被转隶至监察委员会:其一,从所调查之犯罪侵害法益的类型来看,典型的侵害国家法益的职务犯罪由监察委员会负责调查。检察院仍然保留调查权限的职务犯罪,如非法拘禁、刑讯逼供、非法搜查等,皆属于《刑法》分则第四章"侵犯公民人身权利、民主权利罪"中规定的行为,属侵害公民个人法益,并非典型的侵害国家法益之职务犯罪。典型的侵害国家法益的职务犯罪,如《刑法》

分则第八章的"贪污贿赂罪"和第九章规定的"渎职罪",其调查权力已经被转移至监察委员会。其二,从数量上来看,监察委员会负责绝大多数职务犯罪案件的调查。我国目前每年查处的职务犯罪嫌疑人达数十万,但其中因涉嫌刑讯逼供、非法拘禁等妨害刑事诉讼程序正义而被查处的不过数百人。由此看来,目前全国检察机关每年负责侦查的职务犯罪案件,在职务犯罪案件总数中所占比例是极低的。

第二,职务犯罪调查权力的改革。原由检察院所享有的职务犯罪"侦查权",被监察委员会享有的"调查权"所替代。一字之差,却有诸多不同。检察院的侦查权是一种属性单一的刑事侦查权力,而监察委员会的调查权却有多重复合属性,包括纪律调查属性、违法调查属性和犯罪调查属性。检察院的侦查权受《刑事诉讼法》约束,而监察委员会的调查权不受《刑事诉讼法》这种一般法的约束,而受《监察法》这一特殊法的约束。然而,称谓虽然不同,这两种权力在查明犯罪事实之措施、程序和取证等方面却有着极为相近的内容和要求,究竟是否应当以及如何进行区分规制,存在巨大争议。

第三,职务犯罪调查措施的改革。在旧的《刑事诉讼法》体系之下,检察机关侦查职务犯罪所依靠的侦查措施为《刑事诉讼法》规定的一般刑事侦查措施,包括勘验、检查、搜查、扣押、传唤、拘传、取保候审、监视居住、拘留和逮捕等,与公安机关无异。《监察法》出台后,监察委员会对于职务犯罪的清查权力被改称为"调查权",不仅在称谓上区别于一般的刑事侦查权,所依据的法律文本,也不再是《刑事诉讼法》,而是单行的《监察法》。根据《监察法》的规定,监察委员会有权采取谈话、讯问、询问、查询、冻结、调取、查封、扣押、搜查、勘验检查、鉴定、限制出境、技术调查、留置等措施。其中,留置措施由纪委的"双规"措施合法化而来,执行地点可以不在看守所,执行期间不允许律师会见,最长时限可达6个月,是一种比刑事逮捕更为严厉的措施。

(三)职务犯罪调查体制改革的主要特点

近几年的职务犯罪调查体制改革过程,呈现出以下特点:

第一,调查机构和调查措施由一般化走向特殊化。改革之前,负责职务犯罪侦查的检察机构性质较为明确,为我国司法机构的一部分,其职务犯罪侦查权为检察机关法律监督权力的一部分。改革之后，负责职务犯罪调查的监察委员会成为我国旧有的立法机构、行政机构和司法机构之外的第四种机构，即监察机构。关于监察机构的性质，改革者认为其为"反腐败工作机构，是政治机关，不是行政机关、司法机关"。[1] 何谓"政治机关"，既缺乏明晰的解读，也缺乏可参照的前例，足以体现其特殊之处。此外，职务犯罪调查机构清查职务犯罪案件的权力被称为"调查权"，不受《刑事诉讼法》约束，而由专门的《监察法》进行特别授权。《监察法》授权的谈话、讯问、询问、查询、冻结、调取、查封、扣押、搜查、勘验检查、鉴定、限制出境、技术调查、留置等措施，从内容来看大多与检察院反贪局享有的刑事侦查措施相似，从调查对象来看也是针对国家公职人员，但这些调查措施的适用标准、适用程序和权利保障则完全脱离了旧有刑事诉讼法律文本的制约，开辟了一片新的土壤。

第二，调查机构由分散化走向集中化。由于违纪、违法和犯罪行为调查之间衔接的随意性，曾经有权调查或者初查职务犯罪行为的机构包括行政机关内设的行政监察部门和预防腐败部门、党的纪律检查部门、检察机关内设的反贪部门和反渎部门。由于反腐力量、资源和信息分散，各机构间衔接又存在一定问题，导致反腐工作的效能受到影响。国家监察委员会成立后，将过去的行政监察机构和职务犯罪侦查机构进行了整合，与党的纪律检查机构合署办公，实现了公职人员职务违纪、违法和犯罪行为调查权力的集中统一。

第三，职务犯罪调查机构由复合化走向专门化。改革之前，法定的职务犯罪调查机构为检察院，但检察院仍然承担起诉和法律监督职能，负责刑事案件的起诉和诉讼监督。职务犯罪侦查职能，只是其诸多复合职能中的一个，由内设的反贪、反渎等部门承担。党的纪律检查机构，本应主要负责党员违纪问题的调查，但由于调查措施强力高效，成了查清职务犯罪案情的关键机构。总的来说，职务犯罪调查职能只是其复合的职能中次要的部分。改革之后，监察委员会成为专门的"监察机构"，集职务违纪、违法、犯罪行为的调查职能于一体，其专门性得到了保障。

---

[1] "国家监察体制改革试点取得实效———国家监察体制改革试点工作综述"，载《人民日报》2017年11月6日。

第四，职务犯罪调查措施由普通化走向权威化。改革之前，检察院依靠《刑事诉讼法》赋予的刑事拘留和逮捕措施来限制嫌疑人的人身自由，并进一步获取有罪供述。刑事拘留和逮捕措施在相对中立的看守所执行，有全程录音录像，允许律师会见，封闭性不强，获取口供的效率一般。而纪委的"双规"措施可以在纪委自建的专门场所进行，期间不允许律师会见，也没有全程录音录像的规定，封闭性强，获得口供效率高。当前职务犯罪调查措施改革的重点在于将"双规"措施合法化，转化为监察委员会的留置措施，从而加强羁押（讯问）措施的严厉性和权威性，以提高职务犯罪调查的效率。

（四）职务犯罪调查体制改革的进一步追问

然而，伴随着前述职务犯罪调查体制的改革，问题随之而来：

第一，职务犯罪调查机构的特殊化，是否意味着其调查权力可以不受限制？成立专门的反腐机构负责职务犯罪调查，并且出台专门法律规定其组织体系、权力和责任，并非我国的首创。但是，这并不意味着专门反腐机构的调查权力可以"不受约束"。当前《监察法》对于职务犯罪调查措施的授权体现出强烈的"模糊授权"特点，授权意味强、约束规定少。虽然改革者强调监察委员会的"调查"措施区别于检察院原来的"侦查"措施，但两者有高度的相似性。刑事侦查中的强制措施大致可以分为三种，即对人的强制措施、对物的强制措施和对隐私权的强制措施。《监察法》所规定的调查措施中，留置措施属于干预公民人身自由权的措施，查询、冻结和搜查属于对物的调查措施，而技术调查措施属于干预隐私权的调查措施，这些调查措施的严厉性和强制性程度很高，带有极强的"侦查"色彩，即使不受《刑事诉讼法》的约束，也应当出台细致解释加以严格限制，防止其被滥用。

第二，职务犯罪调查机构实现了集中化，是否不同机构间的衔接问题就不再存在？情况显然并非如此。首先，党内纪律检查部门与监察委员会合署办公，监察委员会不仅负责调查犯罪行为，也负责调查一般违法行为，这两者可能由不同内设部门负责调查，适用不同的调查措施（尤其是技术调查和留置措施并不适用于一般违法人员），采取不同的证据收集标准。违法与犯罪行为调查之间的分离与衔接问题，仍然摆在面前。其次，改革者强调监察委员会属于监察机构，其调查措施并非一般的刑事侦查措施。这就产生了一个问题,即监察委员会收集的嫌疑人犯罪证据在收集方法和收集标准上与一般刑事侦查程序不同,需要经过一定的转化程序才能为司法机关所使用。

第三,职务犯罪调查机构的专门化,能否保证高效化?在腐败问题较为严重的国家或地区,由于传统反腐机构反腐效果不彰,或者传统反腐机构布局分散等,选择另起炉灶建立一个专门的反腐机构,赋予其专门的机构任务和独特的调查权力,以期能够遏制腐败问题,是近半个世纪流行的做法。最早有新加坡的贪污调查局,后有我国香港地区的廉政公署,取得巨大成功之后,东南亚和非洲纷纷效仿,一时间成为潮流。甚至连一些反腐败国家组织都推荐各国建立专门反腐机构,以应对腐败问题。

第四,职务犯罪调查措施的权威化,是否会抑制职务犯罪调查走向专业化?当前职务犯罪调查措施相较于改革前,最显著的变化是引入了留置措施。留置措施源于党内纪律检查机关的"双规"措施,属于将"双规"措施合法化后创设的调查措施,这种措施封闭性强、执行过程受监控少、执行地点不中立,权威性比逮捕措施更强。这一改变表明改革者认为过去检察院职务犯罪侦查效果不彰的原因在于侦查措施的权威性和强制性不够强,为了提高调查效率,有必要赋予监察委员会更权威、更强力的调查措施。这一思路具有很强的实用性,隐藏的问题也值得担忧。加强羁押措施的严厉性以提高获取口供和证言的效率可能会导致羁押措施的进一步异化(成为获取口供而非保证嫌疑人配合调查的措施),加深调查人员对于这种羁押获取口供的简单粗暴式调查措施的依赖,不利于调查人员思考如何改进或改变调查策略,以实现职务犯罪调查的专业化和文明化。

二、主要文献综述

(一)职务犯罪调查机构的改革之争

长期以来,我国职务犯罪调查机构存在的调查权力分散和"一条腿长、一条腿短"问题,已经饱受诟病。在这种体制下,检察机关保守被动,纪检、监察机关成为反腐主力。调查职务犯罪案件,一般先由纪检、监察部门调查违法违纪事实,如果某公职人员可能构成腐败犯罪,再移交检察机关立案侦查。纪检、监察机关和检察机关常常联合办案,纪检、监察机关采取"双规""两指"措施,要求涉案人员在规定的时间、地点或指定的时间、地点就调查事项作出解释和说明。检察机关基本是被动地从纪检、监察部门接案,少有主动出击,反腐力度被削弱。[1]

即使如此,对于是在原有检察院负责职务犯罪侦查的体制下进行改革,还是另行建立新的职务犯罪调查机构,仍有诸多争议。

主张职务犯罪调查权应当属于检察机关的理由有:①检察机关负责职务犯罪侦查是各国的普遍做法,已得到《联合国关于检察官作用的准则》的认可;②检察机关掌握职务犯罪侦查权,有助于保障其法律监督权的实现;③检察机关地位独立,且适用一体化机制,是进行职务犯罪侦查的有效保障;④检察机关长期负责职务犯罪侦查,积累了极为丰富的经验。建立新的职务犯罪调查机关,存在以下弊端:①专门机构的行为容易脱离诉讼轨道,阻断职务犯罪调查与检察机关的公诉、批捕和法律监督权的有机联系;②"另起炉灶"的制度成本过高,会浪费大量的人力、财力资源。[2]

主张建立专门职务犯罪调查机构的理由有:①新加坡等的经验表明,专门反腐机构需要很强的独立性,而我国检察机关缺乏足够的独立性,检察权地方化现象突出;②纪检、监察部门与检察机关的职权划分并不明确,检察机关行使职务犯罪侦查权缺乏足够的权威性;③检察机关对于职务犯罪案件的管辖范围过于狭窄且能力不强。[3]

(二) 职务犯罪调查机构的独立性保障问题

就职务犯罪调查机构与人大的关系而言,争议集中在职务犯罪调查机构对于人大代表的监察范围上,主要有以下几种观点:①全部监察论。这种观点认为,监察委员会有权监察所有"公职人员",而各级人大机关工作人员均属于公职人员,且对"人大机关工作人员"应进行广义的解释,不仅包括人大工作人员,也包括人大代表。[4]也有学者在认同这种全范围监察的基础上,认为对公职人员的监督在客观上会对组织机构产生一定的作用力,应建

---

[1] 熊秋红:"监察体制改革中职务犯罪侦查权比较研究",载《环球法律评论》2017 年第 2 期,第 55 页。

[2] 卞建林:"职务犯罪侦查权的配置与规制",载《河南社会科学》2011 年第 4 期,第 2 页。

[3] 苏彩霞、胡陆生、蒋建宇:《〈联合国反腐败公约〉与我国刑事法的协调完善》,吉林大学出版社 2008 年版,第 173~175 页。

[4] 蔡乐渭:"国家监察机关的监察对象",载《环球法律评论》2017 年第 2 期,第 137 页。

立相应防范和隔离机制，以防止通过人员对机构形成实质监督。[1]②不得监察论。持有这种观点的学者认为各级人大应当依靠自我规束来对内部人大代表进行管理，认为人大代表和人大常委会委员的职务违法违纪行为，应由其所在国家机关追究相应责任，并不适宜由监察委员会追究责任。[2]③部分监察论。这种观点主张，监察委员会有权监察部分有典型公职的人大代表和人大机关工作人员，但不得监察仅有人大代表身份而不履行其他公职的人员。[3]

就职务犯罪调查机构与检察院可能存在的关系模式而言，当前有三种判断：①监察至上模式，认为随着《宪法》修改和《监察法》出台，观察实践操作办法，监察委员会有凌驾于所有部门之上的趋势。从当前制度设计看，监察委员会将形成强有力的态势，新监察权将成为凌驾司法、行政权力之上的超级权力，甚至覆盖立法权的运作。[4]②检察机关监督监察机关模式，符合检察机关传统的法律监督者定位，是一种流行的观点。这一观点认为，检察机关对于监察机关的职务犯罪调查拥有监督权限，两者的关系应当是一种监督模式。[5]③检察机关和监察机关相互制约模式。《宪法》第127条第2款规定："监察机关办理职务违法和职务犯罪案件，应当与审判机关、检察机关、执法部门互相配合，互相制约。"检察机关主要在下述几个层面实现对监察机关的制约：其一，检察机关对监察机关职务犯罪调查案件进行审查起诉。其二，检察院对于监察机关收集证据的方式进行规范。监察机关应当沿用审判标准收集证据，但由于存在"侦审阻断"效应，监察机关负责调查职务犯罪，但并不直接与法院产生联系，使得其在实践中难以精确把握"审判标准"。检察机关诉讼经验丰富，且居于侦、审之间，能够帮助监察机关具体把握审判标准。[6]

---

[1] 马怀德："再论国家监察立法的主要问题"，载《行政法学研究》2018年第1期，第10页。
[2] 胡锦光："论监察委员会'全覆盖'的限度"，载《中州学刊》2017年第9期，第72页。
[3] 秦前红："我国监察机关的宪法定位以国家机关相互间的关系为中心"，载《中外法学》2018年第3期，第560页。
[4] 张建伟："监察至上还是三察鼎立——新监察权在国家权力体系中的配置分析"，载《中国政法大学学报》2018年第1期，第172页。
[5] 谢登科："论国家监察体制改革下的侦诉关系"，载《学习与探索》2018年第1期，第72页。
[6] 左卫民、唐清宇："制约模式：监察机关与检察机关的关系模式思考"，载《现代法学》2018年第4期，第23页。

(三) 职务犯罪调查权的性质与规制之争

首先是监察机关调查权的性质到底为何，存在多种观点：

第一种观点，认为监察机关的调查权具有政治属性。监察机关的调查权与公安、检察机关的侦查权并不相同。从对象来看，监察对象为行使公权力的公职人员，而非普通的刑事犯罪嫌疑人；从内容来看，调查内容包括职务违法行为和职务犯罪行为，而非一般刑事犯罪行为；从过程来看，调查时既要严格依法收集证据，也要依据党章党纪、理想信念等做被调查人的思想政治工作，而非仅仅收集犯罪证据，查明犯罪事实。[1]

第二种观点，强调监察机关的职务犯罪调查权与检察机关的职务犯罪侦查权并无实质区别。监察机关有权采取的技术调查措施与留置措施，虽名为"调查措施"，严厉性与《刑事诉讼法》规定的强制性刑事侦查措施无异。因此，其不能突破《刑事诉讼法》的限制，应当沿用《刑事诉讼法》的相关程序规定进行规制。[2]

第三种观点，认为监察机关调查权是一种与侦查权不同的权力，拥有许多特殊之处。其一，监察机关的调查权为调查工作和强制措施的综合体，留置被作为调查手段，而非强制措施对待，这点与侦查权配置明显不同；其二，监察机关调查权的辐射范围远超检察机关侦查权的覆盖范围；其三，调查权立案模式及调查与立案的关系不同于刑事立案与侦查；其四，相较于一般刑事侦查程序，调查权对言词证据的取证程序限制更少，而对实物证据的取证程序限制更多；其五，监察调查权缺乏警察权支撑的强制执行力，既没有内设公安干警，也没有类似检察院、法院的"法警"队伍，导致部分调查措施要交由公安机关执行或需要其配合；其六，监察机关行使调查权的过程封闭性强，既排除律师参与，也排斥检察监督，主要靠人大监督和自我监督。[3]

第四种观点，认为监察机关调查权具有监督属性、行政属性和司法属性。樊崇义教授认为，监察委员会调查权兼具三种属性：监督属性、行政属

---

[1] 贺夏蓉："准确把握监察机关的政治属性"，载《中国纪检监察报》2018年6月14日。

[2] 熊秋红："监察体制改革中职务犯罪侦查权比较研究"，载《环球法律评论》2017年第2期，第59页。

[3] 程雷："'侦查'定义的修改与监察调查权"，载《国家检察官学院学报》2018年第5期，第128页。

性和司法属性。监督属性，是为了实现"国家监察全覆盖"。行政属性，是为了实现"对所有行使公权力的公职人员进行监察，调查职务违法和职务犯罪，开展廉政建设和反腐败工作，维护宪法和法律的尊严"。司法属性，是为了实现职务犯罪案件的移送审查起诉、提起公诉、严厉打击和惩办腐败犯罪。三种属性，监督是本质，行政和司法是实现监督不可或缺的手段，三者缺一不可，共同构成监察衔接机制的本质属性。[1]

第五种观点，首先承认监察机关调查权具有的违纪、政纪和违法调查的复合属性，但是又强调了其中对于职务犯罪行为的调查权力部分与检察机关的职务犯罪侦查权并无实质区别。监察体制改革后，原本由纪委行使的党纪调查权、监察部门行使的政纪调查权与检察机关所行使的刑事侦查权合并，形成了一种一体化的"反腐败调查权"。党纪调查和政纪调查具有特殊性，其的目的为查明违反党纪事实和违反政纪事实，从而为监察委员会作出党纪处分和政务处分提供事实根据。但是从调查结果而言，刑事调查的证据可作为检察机关指控犯罪的证据，事实上已取代刑事侦查，成为检察机关认定被调查人构成职务犯罪的重要来源。[2]总体来看，监察机关调查权与检察机关侦查权的相似之处有以下几点：其一，监察机关收集的证据要为检察机关和法院所接受，都须满足《刑事诉讼法》规定的证据要求。《监察法》第33条第2款规定："监察机关在收集、固定、审查、运用证据时，应当与刑事审判关于证据的要求和标准相一致。"其二，监察机关收集的证据受《刑事诉讼法》所确立的非法证据排除规则制约，这一点与侦查机关收集的证据并无差别。其三，监察机关移送检察机关审查起诉的证据标准，为"犯罪事实清楚，证据确实、充分"，与侦查机关侦查终结的证明标准几乎完全相同。其四，程序倒流性质的制度，即"补充调查"制度，与侦查机关的"补充侦查"制度并无二致。监察机关调查结束并移送检察机关审查起诉后，检察机关若发现事实不清、证据不足或者遗漏主要犯罪事实或证据材料，可以采取补充调查措施，包括退回补充调查和自行补充调查。[3]

---

[1] 樊崇义："全面建构刑诉法与监察法的衔接机制"，载《人民法治》2018年第11期，第35页。

[2] 陈瑞华："论监察委员会的调查权"，载《中国人民大学学报》2018年第4期，第11页。

[3] 陈瑞华："论国家监察权的性质"，载《比较法研究》2019年第1期，第7页。

其次是监察委员会的调查权是否受《刑事诉讼法》约束的问题。依照当前的法律规定，监察委员会的职务犯罪调查权只受《监察法》的单独约束，而不受《刑事诉讼法》的制约。考虑到职务犯罪"调查"虽然与"侦查"命名不同，但具有极高的相似性，就其实质而言皆为对职务犯罪嫌疑人之涉嫌利用职权行使的犯罪活动进行的调查。若依照我国的立法惯例，这类对于犯罪行为的调查应当被纳入《刑事诉讼法》的规制范围内，如今被从中排除，难免引发争议。

职务犯罪调查单行立法的支持者认为：①普通刑事诉讼的规制程序，无法全面体现职务犯罪与普通犯罪不同的特点和规律。普通刑事诉讼法忽视了职务犯罪主体身份的特殊性和犯罪手段的隐蔽性。由于职务犯罪主体身份特殊、智能度高且隐秘性强，在强制措施、证据采信等关键制度上，应作出不同于普通犯罪的特殊规定，以有效解决腐败犯罪的证明难题、建立污点证人制度、赋予特殊调查手段、追回境外腐败资产、实现反腐败执法国际协作。②普通刑事诉讼奉行谦抑、宽缓、非监禁化的原则，而职务犯罪诉讼应秉承从重从严、坚决打击的理念。③普通刑事诉讼的价值目标与职务犯罪刑事诉讼并不相同。刑事诉讼控制犯罪与保障人权的双重价值目标，无法体现惩治腐败所特有的规范公共权力的核心价值。④普通刑事诉讼法秉承的"程序法治"理念，在职务犯罪调查领域并不适用，在此领域应强调"实质正义"理念。[1]

职务犯罪调查应受《刑事诉讼法》规制的论者认为：①避免监察机关成为不受约束的超级机构。监察机关成为《刑事诉讼法》规范的主体，目的在于维护司法权的统一性和法律（《刑事诉讼法》）适用的统一性，避免监察权成为不受正当程序控制的超级权力，从而使警察、检察和监察三足鼎立的格局获得形成条件。[2]②监察委员会有权采取的技术调查措施与留置措施，虽名为"调查措施"，但严厉性与《刑事诉讼法》规定的强制性刑事侦查措施无异。因此，其不能突破《刑事诉讼法》的限制，应当沿用《刑事诉

---

[1] 吴建雄："国家监察体制改革的法治逻辑与法治理念"，载《中南大学学报（社会科学版）》2017年第4期，第6~7页。

[2] 张建伟："监察至上还是三察鼎立——新监察权在国家权力体系中的配置分析"，载《中国政法大学学报》2018年第1期，第174页。

法》的相关程序规定进行规制。[1]③当前，我国确立了一种集党纪、政纪与刑事调查权于一体的单轨调查体制。这种体制混淆了三种调查的界限和差异，使得具有侦查性质的刑事调查权，既不受《刑事诉讼法》约束，也无法为被调查人提供最低限度的程序保障。因而，有必要确立双轨式的调查体制，在监察机构内部设置相对独立的党纪政纪调查部门与刑事调查部门，前者受《监察法》及关联法规的约束，后者则与其他侦查机关一样，受《刑事诉讼法》约束。[2]

还有第三种折中论，认为对于职务犯罪调查权，适宜进行单独立法，但仍然受到《刑事诉讼法》制约。这种论点总体来说认可了职务犯罪调查有其特殊性，刑事诉讼法无法完全照顾到这种特殊性，但如果仅沿用单行法而忽视刑事诉讼法，则存在以下问题：①抛开《刑事诉讼法》单独作出规定，将重复相当一部分刑事诉讼法的规范，在立法工作上并不经济。《刑事诉讼法》中的侦查措施，在《监察法》中被改为各种调查措施，包括谈话、查询、搜查、调取、查封、扣押、通缉等。然而这些调查措施的内容和实施方式与《刑事诉讼法》中的侦查措施并无实质区别。《监察法》实际上基本采用了《刑事诉讼法》的相关概念，参照了《刑事诉讼法》规定的内容。②难以避免规范过于简略和制度不完善的问题。《刑事诉讼法》历经三次修订，经过几十年实践，相对比较完善。《监察法》并非刑事诉讼的专门法律，对相关措施的规范不像《刑事诉讼法》那样完整。在刑事调查过程中，撇开《刑事诉讼法》，仅参照《监察法》，监察机关在实践中遇到某些问题时会因规范过于简略而无所遵循。[3]若单行立法与《刑事诉讼法》有冲突，则秉持"特殊法优于一般法"的原则，适用单行立法的规定。单行立法应采取以预防法为主，兼顾刑事法的折中模式。具体而言，单行立法应当包括以下内容：一是反腐指导思想、基本原则；二是腐败的基本概念；三是反腐组织机构及其分工；四是预防腐败的基本措施；五是国家公职人员预防腐败的特别

---

[1] 熊秋红："监察体制改革中职务犯罪侦查权比较研究"，载《环球法律评论》2017年第2期，第59页。
[2] 陈瑞华："论监察委员会的调查权"，载《中国人民大学学报》2018年第4期，第10页。
[3] 龙宗智："监察与司法协调衔接的法规范分析"，载《政治与法律》2018年第1期，第8页。

义务；六是社会公共组织及公众的腐败预防；七是腐败行为的揭发与追诉；八是反腐败的国际合作机制。单行立法与《刑法》《刑事诉讼法》等相关基本法律之间是特别法与一般法的关系，发生冲突时，按照"特别法优于一般法"的规则，优先适用单行立法。[1]

（四）职务犯罪调查措施的未来走向

职务犯罪调查措施的专业化。有学者提出，职务犯罪调查措施的专业化有三点要求，即实现人证调查方法的科学化、物证调查方法的常规化、秘密调查方法的规范化。我国的职务犯罪调查的主要调查手段为谈话和问话，方式较为传统。①人证调查方法的科学化，要求调查人员主动运用心理科学等学科的原理，认真研究讯问、辨认等活动的规律，提高询问、讯问、辨认等侦查方法的科学性，并且引入"测谎"调查措施。②物证调查方法的常规化。人类社会的司法证明，已从以人证为主的时代，进入了以物证或"科学证据"为主的时代，职务犯罪调查人员必须与时俱进，从以人证为主的司法证明观转变为以科学证据为主的司法证明观。总之，物证调查应该成为职务犯罪调查的常规方法。③秘密调查方法的规范化。目前我国法律在这个问题上的规范很不健全，只对秘密调查进行了模糊授权。由于长期以来法律规定模糊，职务犯罪侦查机构使用技术调查手段始终处于名不正言不顺的地位。使用者底气不足，加上本身专业队伍和设备缺乏，须由公安机关协助使用，且审批程序过于繁冗，导致一般情况下职务犯罪调查机构情愿沿用"由供到证"的老路。[2]

有学者提出，我国现行犯罪侦查措施具有单一性、不规范性和欠透明性的缺陷，应当从以下几个方面进行完善：①增设发现职务犯罪线索的措施。赋予调查机关调查与职务犯罪具有牵连关系的其他犯罪的权力，派遣秘密调查员，建立信息共享措施。②完善控制职务犯罪嫌疑人的措施。如增加取保候审的附带条件等。③扩大收集职务犯罪证据的有效措施。如增设诱惑调查措施、测谎措施和强制证人作证制度等。④建立和完善有关职务犯罪侦查的保障措施。如增设暂停公职措施，完善有关的金融保障措施，完善财产转移

---

[1] 刘艳红："中国反腐败立法的战略转型及其体系化构建"，载《中国法学》2016年第4期，第239页。

[2] 何家弘："论职务犯罪侦查的专业化"，载《中国法学》2007年第5期，第12~15页。

监控措施等。[1]

三、研究方法

(一) 比较的研究方法

只有通过比较研究，才能发现我国职务犯罪调查体制的真正特点，并探究适宜的改进之道。从职务犯罪调查主体来看，各国当前有警察侦查模式、检察官侦查模式和专门机构调查模式三种。设立专门反腐机构负责职务犯罪侦查，中国既不是先驱，也不是仅有的几个实践者。进入21世纪以来，设立独立的职务犯罪侦查机构以应对腐败问题，已在全球蔚然成风。其中成功的经验与失败的教训都值得比较与总结。从职务犯罪调查措施来看，各国有诱惑调查、污点证人豁免、强制提供证言和强制提供物证等特殊调查措施，羁押措施的运用也与我国极为不同。分析我国职务犯罪调查措施运用的特点和发展的轨迹，结合国外职务犯罪调查措施的发展趋势，本书试图对我国未来职务犯罪调查措施的发展方向，提出自己的建议。

(二) 法律解释的研究方法

中央目前已经出台《监察法》，并修正了《宪法》和《刑事诉讼法》，对职务犯罪侦查机构的任务、组织和调查措施进行了笼统的说明。然而，关于职务犯罪调查机构的调查人员范围、职务犯罪调查措施的适用程序、职务犯罪调查措施与《刑事诉讼法》的协调、调查程序与司法程序的衔接等问题，仍然有待细致研究和讨论。这其中许多问题，固然需要依赖新的法律文本出台来加以确认，但依靠法律解释的方法，同样可以对一部分问题进行解答。法律解释方法的运用，一方面可以回应部分争议问题，另一方面可以减少未来的立法成本。

(三) 社会科学的研究方法

社会科学的研究方法即从实践中出现的问题和发生的现象出发，总结本土经验，将其上升为一般理论。[2]本土的实践经验，是值得研究和分析的对象。与其以理论指导实践，从立法论的角度对职务犯罪侦查制度进行问题的

---

[1] 朱孝清："职务犯罪侦查措施研究"，载《中国法学》2006年第1期，第138~143页。
[2] 陈瑞华：《论法学研究方法：法学研究的第三条道路》，北京大学出版社2009年版，第87页。

剖析并提出对策，不如在汲取本土司法改革实践营养的基础上，提出新的理论。当下国家监察委员会制度在北京、山西和浙江三省进行试点，走的是"先变革后变法"的路线，三省对法律法规和文件的理解和各省的状况会有差别，具体的制度建设必定不会完全相同，这就为分析实践经验与总结学术理论提供了良好的基础。

第二章
职务犯罪调查机构的设置

一、域外职务犯罪调查机构的设置模式

受历史、政治等因素的影响,各国职务犯罪调查权的配置各有不同,有的集中于某一个机构,有的则相对分散。总体来说,如果对掌握主要职务犯罪调查权的机构进行分类,大致可以分为三种模式:第一种,警察侦查模式;第二种,检察官侦查模式;第三种,专门机构调查模式,即单独设立专门反腐机构,由其进行职务犯罪调查。第三种模式随着新加坡贪污调查局等的大获成功在近年变得越发流行。

(一)警察侦查模式

警察侦查模式分为两类:第一类为检警合作模式,即检察官拥有对于侦查活动的整体指挥权,但具体的刑事侦查任务仍然主要由警察完成;第二类为警察为主的与其他机构合作侦查模式,即警察拥有独立自主的刑事侦查权,自行决定侦查策略和侦查措施,制订完整的侦查计划,但警察的侦查权限被限制,在侦查职务犯罪时不得不借助其他组织的力量。

检警合作模式主要见于德国和法国。《德国刑事诉讼法》第160条规定,侦查程序由检察院主导,"检察院不仅要侦查对犯罪嫌疑人不利的情形,还要侦查对犯罪嫌疑人有利的情形,并且负责提取有丧失之虞的证据"。检察官有权自行侦查,也有权指挥警察进行侦查。从理论上而言,警察的侦查权力有限,只在紧急或者辅助情况下发挥作用,真正的侦查决定权力在检察官手中。但实践中,警察的侦查权力覆盖面宽泛,扩展到了职务犯罪侦查领域。在一般刑事案件中,刑事侦查的任务主要由警察直接承担,检察官主要负责对警察的侦查结果进行复审、提出建议或者要求补充侦查。[1]《法国刑事诉讼法》第53条规定,在确认发生现行重罪或轻罪之后,按照规定条件进行的侦查,在共和国检察官监督下,可以不间断地进行8天时间。[2]法国与德国的情况类似,检察官虽然对警察进行的刑事侦查有指挥权,但实践中较少直接参与侦查;主要的侦查任务由警察完成。[3]

警察为主的与其他机构合作侦查模式,主要见于美国。美国联邦侦查局既负责侦查联邦层面的贪污贿赂犯罪,也负责侦查部分州层面的贪污贿赂犯罪。美国警察分为三个行政层级,即联邦、州和城镇,各级之间没有上下隶属关系,而是各司其职。FBI是联邦调查局,由美国司法部直接管辖,按照联邦法律以及联邦与州之间的管辖协议对有关案件进行侦查;而一般警察供职于州政府,属政府雇员,其职责范围在各州与联邦的协议中有明确规定,理论上只接受州政府的调遣。FBI所侦查的犯罪包括腐败犯罪、恐怖犯罪、诈骗犯罪等,对于腐败犯罪的侦查具有最高优先权,既可以侦查联邦层面的腐败,亦可以侦查州层面的腐败,不受联邦与州之间管辖权划分的制约。[4]但FBI的权限也受到诸多限制,因此FBI需要寻求检察官,尤其是大陪审团(Grand Jury)的帮助。而对于白领犯罪(包括职务犯罪、计算机犯罪、洗钱罪等)的侦查,大部分州严重依赖大陪审团。美国的大陪审团制度起源于英国,随着英国的殖民被移植到了美国,在《美国宪法》出现之前就在美国得到适用,负责审核起诉和进行侦查。[5]《美国宪法第五修正案》规定:"无论何人,除非根据大陪审团的报告或起诉书,不受死罪或其他重罪的审判,但发生在陆、海军中或发生战时或出现公共危险时服役的民兵中的案件除外。任何人不得因同一犯罪行为而两次遭受生命或身体的危害;不得在任何刑事案件中被迫自证其罪;不经正当法律程序,不得被剥夺生命、自由或财

---

〔1〕 参见[德]托马斯·魏根特:《德国刑事诉讼程序》,岳礼玲、温小洁译,中国政法大学出版社2004年版,第50~52页。

〔2〕 罗结珍译:《法国刑事诉讼法典》,中国法制出版社2006年版,第49页。

〔3〕 参见孙长永:《侦查程序与人权——比较法考察》,中国方正出版社2000年版,第57页。

〔4〕 参见FBI官网:"What we investigate—— Public Corruption",载https://www.fbi.gov/investigate/public-corruption,2018年10月26日最后访问。

〔5〕 Ellen Podgor et al.,*White Collar Crime*(*Hornbooks*),West Academic Publishing,2013,p.456.

产。不给予公平赔偿,私有财产不得充作公用。"可见,大陪审团进行侦查和审核起诉的权力是得到宪法承认的。大陪审团一般由 16 人至 23 人组成,组建后持续的时间一般长达 18 个月,在期满后结束或者完成数个案件的侦查、起诉任务后解散。[1] 早期大陪审团成员都由社区杰出人士或领袖担任,目前大陪审团的人选趋向平民化,由本选区的普通民众担任。在《美国宪法》诞生不久后,大陪审团便被设计充当联邦政府的"看门狗",用来对抗政府腐败,因为地方政府出于包庇或者遮掩丑闻的目的往往不愿意追诉腐败案件或者无法成功追诉。在美国历史早期,大陪审团既是公民的"坚盾",也是政府的"利剑"。所谓公民的"坚盾",是指大陪审团负责审核重罪案件的起诉证据,如果觉得检察官提供的证据不足,有权否定起诉,从而成为横亘在起诉者和被诉者之间的一道屏障,保护公民免受肆意和无理由的追诉的伤害。之后,大陪审团决定重罪案件起诉与否的职能在半数州逐渐式微,如今美国仅有 20 个州仍然要求所有重罪案件的起诉都要征得大陪审团的同意。当前大陪审团行使的职能主要还是侦查职能,即扮演所谓的政府"利剑"角色。[2] 大陪审团的独立性最初是被高度强调的,但是随着时代的发展,大陪审团的独立性受到了越来越多的冲击。原则上讲,大陪审团的陪审员有权独立向证人提问,并超出检察官提出的证据范围来审查整个案件,但是实际上跃出检察官的控制范围独立行动的陪审员是极为罕见的。这就产生了争议,有观点认为检察官控制了大陪审团——与警察一起工作的检察官,决定了哪些证人会被带到大陪审团面前,检视证言并就证人提供证据的法律有效性给大陪审团提供建议,在证人拒绝作证的情况下寻求起诉其蔑视大陪审团之罪责,甚至在证人援引不得被迫自证其罪特权时决定了是否给予其免于作证的特权。在大陪审团面前,检察官有专业知识和经验的优势,更强化了其对于大陪审团的领导作用。[3] 但是不可否认的是,大陪审团的独立性在一定程度上仍然还是存在的,陪审员有权跃出检察官的控制要求特定证人前

---

[1] J. Kelly Strader, *Understanding White Collar Crime* (fourth edition), Carolina Academic Press, 2017, p. 396.

[2] Lafave Wayne et al., *Criminal Procedure: Investigation* (second edition), West Academic Publishing, 2009, pp. 369~371.

[3] Lafav Wayne et al., *Criminal Procedure: Investigation* (second edition), West Academic Publishing, 2009, pp. 370~372.

来作证或者提供特定证据，检察官也必须以一种尊重大陪审团意见的态度来与大陪审团共同参与职务犯罪的侦查过程。

（二）检察官侦查模式

检察官侦查模式，是指检察官直接进行职务犯罪侦查，并在其中发挥主要作用的模式。

日本检察官侦查没有受害人报案但损害全体国民利益的公职人员渎职案。[1]为保证检察官有效地行使侦查权，日本专门成立了"特别调查本部"，在东京、大阪、名古屋三个地方均设有办公室，专门负责侦查重大的职务犯罪案件。[2]自成立之后，"特别调查本部"破获了一系列贪腐大案，被誉为"反腐败的先锋"。[3]

韩国最高检察院及地方各级检察机关下设中央搜查部和不正腐败事犯特别搜查部，负责侦查和起诉公职人员贪污、受贿等犯罪案件。韩国检察机关负责侦查较高级别公职人员利用职务犯罪的案件，其他案件如重大的毒品犯罪、偷税犯罪、警察渎职犯罪等案件，若检察机关认为有必要，也可以直接立案侦查。[4]

（三）专门机构调查模式

当前越来越流行的模式，为组建一个专门机构，来调查职务犯罪（或者一并处理其他犯罪）。最典型的此类机构，建立之初就为专门应对腐败犯罪，主要流行于亚洲、非洲与南美洲，包括新加坡的贪污调查局、澳大利亚新南威尔士的独立反腐委员会、马来西亚的反腐败局、印度尼西亚的消除腐败委员会、阿根廷的反腐败办公室、巴西的审计长办公室、博茨瓦纳的腐败与经济犯罪委员会、厄瓜多尔的公民反腐委员会、菲律宾的监察专员、韩国的反腐与民权委员会、肯尼亚的反腐败委员会、孟加拉国的反腐败委员会、泰国的国家反腐委员会和乌干达的政府监察专员。

英国的情况与前述国家不同，专门调查机构不仅处理职务犯罪，也处理

---

[1] 参见孙长永：《侦查程序与人权——比较法考察》，中国方正出版社2000年版，第65页。

[2] [日]田口守一：《刑事诉讼法》（第5版），张凌、于秀峰译，中国政法大学出版社2010年版，第119页。

[3] 参见田禾主编：《亚洲反腐败法律机制比较研究》，中国人民公安大学出版社2009年版，第108页。

[4] 参见高荐辑："韩国检察机关及其反贪机构"，载《人民检察》1995年第5期，第60~61页。

其他欺诈类犯罪。英国负责职务犯罪调查的机构主要是反严重欺诈办公室（The Serious Fraud Office，SFO）。SFO 有权调查任何在英国发生的"严重"欺诈犯罪，[1]而欺诈犯罪是一个覆盖面很广泛的概念，其中就包含了贿赂犯罪和其他职务犯罪。从规定来看，一些罪行轻微的欺诈犯罪，仍然由警察部门负责调查。SFO 建立于 1988 年，建立的法律依据为《英国 1987 年刑事司法法》（Criminal Justice Act 1987）。SFO 由一名主任（director）领导，这名主任由英国总检察长任命，办公室有雇员 400 名，包括警察（及其他侦查人员）、律师、会计师、起诉人员和其他技术人员。办公室日常在办理的案件维持在 60 件左右。[2]2017 年至 2018 年度的财政预算为 4570 万英镑。从参与严重欺诈犯罪的侦查人员来看，包括 SFO 雇佣的会计师、律师、起诉人员、警察，在理论上甚至可以包括任何 SFO 主任认为适合参与侦查的人。[3]但从实践来看，一般分为两类：一类是不具有警察身份的 SFO 雇员；另一类是警察。SFO 雇佣的会计师和律师，有权参与贿赂和腐败犯罪的调查。[4]他们作为 SFO 的雇员，参与腐败犯罪调查可以采取的措施，主要包括讯问嫌疑人、询问证人和调取证据，依据的法律为《英国 1987 年刑事司法法》。[5]而警察参与严重欺诈犯罪的调查，主要是应 SFO 主任的要求，其调查权力为普通的警察刑事侦查权，包括讯问、询问、逮捕、搜查和技术侦查等措施，法律依据为《英国 1984 年警察与刑事证据法》（Police and Criminal Evidence Act 1984）。

二、我国职务犯罪调查机构设置的历史变迁

（一）秦汉至明清：御史机构

在我国的封建王朝时代，御史为负责职务犯罪侦查的主要官员。自秦至清，御史台为负责纠弹和审判官吏的主要司法机构。御史享有的"纠弹百

---

[1] 参见《英国 1987 年刑事司法法》第 1 条第 3 款。
[2] 参见英国 SFO 官网，载 https://www.sfo.gov.uk/about-us/，2018 年 1 月 24 日最新访问。
[3] 《英国 1987 年刑事司法法》第 1 条第 4 款规定，主任可以与警察或者其他任何他认为适合参与的人，进行前述种类的侦查。
[4] 《英国 1987 年刑事司法法》第 1 条第 4 款规定，SFO 的主任有权让任何警察或者他认为合适的人，参与进严重欺诈犯罪的调查之中。
[5] 参见《英国 1987 年刑事司法法》第 2 条。

官"职权,与现代检察官的职务犯罪侦查权相近,御史制度可以说是古代东方检察制度的代表。[1]

秦朝建立了封建专制主义的中央集权,为防止官吏违法违纪行为的发生,巩固中央集权,设御史中丞"掌图籍,讨奸猾",设监御史。"秦时无刺史,以御史监郡",可见秦朝的御史已开始行使职务犯罪调查职能。[2]唐朝的御史制度进一步扩大和完善,建构起一台三院制,并在御史台下设台院、殿院和察院,掌管对各级官吏的弹劾,并负责监督官吏。明代中央御史台改为都察院,专职弹劾百司,辨明冤枉,发现问题"大事奏裁,小事立决"。地方设十三道监察御史,负责监察各衙门。清承明制,都察院为全国最高监察机构,实行台谏合一、科道合一,地位和职权均超出前代,对刑部错误判决,大理寺错误的复核,均有权弹劾,并可接受诉讼,审理有关案件。

御史机构的主要职能为纠察百官违法之事。纠察,即对各级官员的执法、守法情况进行监督,对官吏违法的情形进行监察和查办。[3]从权力内容来看,御史台被赋予逮捕官吏、接受起诉、审理案件、究举百官等权能,是集调查、起诉、审判权能于一身的机构。[4]

(二)民国时期:检察机关

中华民国时期,由检察官掌握职务犯罪侦查权和指挥权。国民政府于1928年公布的《刑事诉讼法》第229条规定,司法警察应受检察官及司法警察官之命令,侦查犯罪。第230条规定,检察官因告诉、告发、自首或其他情事知有犯罪嫌疑者,应即侦查犯人及证据。国民政府《法院组织法》第28条规定,检察官的职权包括"实施侦查"。国民政府于1935年公布的《刑事诉讼法》第208条规定,司法警察有协助检察官侦查犯罪之职权。第210条规定,司法警察应受检察官及司法警察官之命令,侦查犯罪。

---

[1] 参见王桂五主编:《中华人民共和国检察制度研究》,法律出版社1991年版,第246页。
[2] 参见王蘧常撰:《秦史》,上海古籍出版社2000年版,第124、133页。
[3] 龙大轩、原立荣:"御史纠弹:唐代官吏犯罪的侦控程序考辨",载《现代法学》2003年第2期,第78页。
[4] 王晓霞:《职务犯罪侦查制度比较研究——以侦查权的优化配置为视角》,中国检察出版社2008年版,第39页。

(三) 中华人民共和国成立后：从检察院到监察委员会

中华人民共和国成立之初，即组建了各层级的检察机关，1949年11月颁布的《中央人民政府最高人民检察署试行组织条例》规定，检察机关负责"对刑事案件实行侦查，提起公诉"。1950年，最高人民检察院副检察长李六如在全国司法会议上提出，检察机关首先要注意检察贪污案件和违法乱纪侵犯人权案件，指明了检察院优先侦查的案件范围。1956年，《公安机关、人民法院、人民检察院受理刑事案件的临时办法》规定，检察机关的主要任务为侦查职务犯罪案件，侦查贪污公共财产以及私设公堂、非法拘禁、非法逮捕、拘留、非法劳教、集训、非法搜查、没收、罚款等侵犯公民人身权利的案件。

1979年《刑事诉讼法》第13条规定，人民检察院负责侦查和起诉贪污、侵犯公民民主权利、渎职犯罪案件以及人民检察院认为需要自己直接受理的其他刑事案件。这一规定赋予了检察机关刑事案件管辖的自由裁量权，扩大了检察院的侦查罪行范围。

1996年《刑事诉讼法》第18条规定，人民检察院负责立案侦查贪污贿赂犯罪、国家工作人员的渎职犯罪以及国家机关工作人员利用职权实施的非法拘禁、刑讯逼供、报复陷害、非法搜查的侵犯公民人身权利的犯罪以及侵犯公民民主权利的犯罪，国家机关工作人员利用职权实施的其他重大的犯罪案件，需要人民检察院直接受理时，经省级以上人民检察院决定，可以由人民检察院立案侦查。2012年《刑事诉讼法》对这一条未作修改。自1996年到2017年，检察机关的侦查范围，被明确限制为"职务犯罪"。

2018年出台的《监察法》第3条规定，各级监察委员会是行使国家监察职能的专责机关，依法对所有行使公权力的公职人员进行监察，调查职务违法和职务犯罪。由此，监察委员会正式取代检察机关，成为我国专门的职务犯罪调查机关。

三、专门反腐机构与腐败治理的关系

腐败，对于人类社会而言，是一个困扰已久的问题。最近几十年，全球反腐出现了引人注目的新趋势——越来越多的国家开始建立新的专门反腐机

构,由其"全权负责"治理国内腐败问题。[1]学术界、国际组织和各国政府,均对专门反腐机构寄予厚望。20世纪90年代,我国学者提出纪检、监察部门与检察机关职权划分不明,检察机关存在地方化倾向、侦查能力不强、管辖范围过窄的问题,需要建立专门且独立的反腐机构来治理腐败问题。[2]许多国外学者认为专门反腐机构可以成为强大的反腐力量和独立的廉洁孤岛,在混乱的党派纷争中保持中立和公正,整合多方反腐资源,成为最后的反腐杀手锏。[3]目前已有多个国际公约建议各国构建专门反腐机构,以应对腐败问题。1996年通过的《美洲洲际反腐败公约》第9条,1998年通过的《欧洲委员会反腐败刑事法公约》第20条,2003年通过的《联合国反腐败公约》第6条和第36条,均有此类规定。20世纪50年代成立的新加坡贪污调查局等获得巨大成功,保障了当地的政府清廉、经济增长和社会转型,成为各国效仿的对象。阿根廷、巴西、澳大利亚新南威尔士、博茨瓦纳、厄瓜多尔、菲律宾、韩国、肯尼亚、马来西亚、孟加拉国、泰国、乌干达、印度尼西亚陆续建立了专门反腐机构。随着《监察法》的正式通过,专门且独立的反腐机构——监察委员会,在我国正式依法成立。

各国成立的专门反腐机构林林总总,结构和权限各不相同,不禁令人产生疑问——什么样的专门反腐机构才是"好"的?笔者认为,专门反腐机构的建构,应当兼顾"外在的有效性"和"内在的正当性"。所谓"外在的有效性",是指专门反腐机构作为一个针对腐败问题而被创设的机构,必须在治理腐败问题上能够取得显著而持续的成效,否则即失去了这一机构存在的根本价值。要保障专门反腐机构的有效性,需要专门反腐机构有执法、预防和教育三管齐下的职权,高效权威的调查措施,以及充裕的机构经费和雇员

---

[1] United Nations Development Program,"Institutional Arrangements to Combat Corruption: A Comparative Study", https://www.un.org/ruleoflaw/files/10%20Institutional%20arrangements%20to%20combat%20corruption_ 2005.pdf, 2017年6月19日最后访问。

[2] 参见樊发忠:"建立第三侦查机关的构想",载《检察研究》1992年第2期,第36~41页;吴高庆:"建立我国反腐败专职机构的构想",载《甘肃社会科学》2005年第3期,第43~47页;刘计划、高通:"组建职务犯罪专门侦查机构的设想",载《法学论坛》2008年第4期,第47~53页;苏彩霞、胡陆生、蒋建宇:《〈联合国反腐败公约〉与我国刑事法的协调完善》,吉林大学出版社2008年版,第173~175页。

[3] Stapenhurst, Rick, *Curbing Corruption: Toward a Model for Building National Integrity*, World Bank Publications, 1999, pp.59~66.

薪酬。而所谓"内在的正当性",是指专门反腐机构为外力利用或自身利用权力为恶的可能性小,强调专门反腐机构行使权力的独立性,以及受到外部监督的严密性。

(一)主要国家、地区专门反腐机构效能的量化分析

要评估各国专门反腐机构反腐的成效,需要对该机构建立前和建立后的该国腐败状况进行量化评估,并进行前后对比,判断腐败问题是否得到改善。本书在这里采用的量化数据为全球清廉指数(Corruption Perceptions Index),该指数由德国著名非政府组织"透明国际"发布,反映的是全球各国商人、学者及风险分析人员对世界各国腐败状况的观察和感受。该指数自1996年以来每年发布一次,综合了非洲发展银行、贝塔斯曼基金会、经济学人智库、自由之家、环球透视、国际管理发展研究院、世界经济论坛、世界银行等12个国际组织的13份报告,测算出最终的各国清廉指数。虽然测算方法仍不完美,但已是目前最全面客观、最被全球认可的腐败状况测算指数。下表反映的是建立专门反腐机构的国家、地区在建立专门反腐机构前后的清廉状况以及对专门反腐机构是否成功的评估。

表2-1 各国、地区专门反腐机构的反腐效果评估

编号	国家	专门反腐机构名称	成立年份	机构类型	机构成立年与2016年清廉指数比较	是否成功
1	新加坡	贪污调查局	1952	执法与预防型	无——84	成功
2	澳大利亚新南威尔士	独立反腐委员会	1988	综合型	无——79	成功
3	马来西亚	反腐败局	1967	综合型	无——49	部分成功
4	印度尼西亚	消除腐败委员会	2003	执法与预防型	19——37	部分成功
5	阿根廷	反腐败办公室	1999	预防与执法型	34——36	失败
6	巴西	审计长办公室	2003	预防型	39——40	失败
7	博茨瓦纳	腐败与经济犯罪委员会	1994	综合型	61(1996)——60	失败

续表

编号	国家	专门反腐机构名称	成立年份	机构类型	机构成立年与2016年清廉指数比较	是否成功
8	厄瓜多尔	公民反腐委员会	1998-2007废除	综合型	23——21（2007）	失败
9	菲律宾	监察专员	1989	执法与预防型	无——35	失败
10	韩国	反腐与民权委员会	2008	教育与预防型	56——53	失败
11	肯尼亚	反腐败委员会	2003	综合型	20——26	失败
12	孟加拉	反腐败委员会	2004	执法与预防型	13——26	失败
13	泰国	国家反腐委员会	1999	综合型	32——35	失败
14	乌干达	政府监察专员	2002	执法与预防型	21——25	失败

首先，建立专门反腐机构以治理腐败之风潮的兴起，主要是最近30多年（1988年后）的事。上表14个国家和地区建立的专门反腐机构中，有12个成立于1988年之后，占总数的86%。从先后顺序上看，这些"后继"的专门反腐机构都是在"先驱"（新加坡等的专门反腐机构）取得巨大成效并受到广泛关注、研究后才宣告成立的，对新加坡有很多学习和借鉴。

其次，各国家、地区专门反腐机构中"有效性"强的属于少数，大部分是在原机构基础上"叠床架屋"，未见明显成效。新加坡贪污调查局的成功固然鼓舞人心，但专门反腐机构却并非药到病除的万能法宝。在上文列举的14个国家和地区中，仅有新加坡和澳大利亚新南威尔士2个国家和地区的清廉指数在建立专门反腐机构以后上升到很高级别，可以称得上是绝对成功的，占14%。马来西亚和印度尼西亚在专门反腐机构建立后，腐败问题得到一定程度的控制，可以说是部分成功的。而其余10个国家在建立专门反腐机构后，清廉指数没有明显提高，反腐效果不彰，这些国家、地区所占比例达到71%。

最后，各国家、地区专门反腐机构在职责功能、机构设置、监督机制和经费保障等方面大异其趣。有的专门反腐机构兼有执法、预防、教育甚至起诉功能，有的专门反腐机构则仅为预防腐败机构；有的专门反腐机构如新加坡贪污调查局属于小而精的机构，有的专门反腐机构如新加坡突出"权力监督"面向。各专门反腐机构建构如此不同，至于何者有效何者无效，何者正当何者有患，下文将进行详细评析。

（二）专门反腐机构有效发挥反腐机能的制度基础

1. 机构设置的独立性

必须保障反腐败机构的独立性具有深刻的原因。专门反腐机构只有保持独立性，才能维护自身的清廉性。专门反腐机构通常在腐败问题没有其他更好解决办法的国家建立，其保持独立性的一大特殊意义在于成为"廉洁的孤岛"，避免受其他个人和机构的影响而参与到官僚系统的腐败中去。专门反腐机构保持独立，也避免了来自其他机构或者高层官僚的不当干扰，使得职权能有效、公正地行使。

丧失独立性从而失去抗击腐败能力的典型案例，当属印度尼西亚和乌干达。新加坡贪污调查局初显成效后，印尼总统苏哈托于1967年上台后效仿建立过若干反腐败委员会（或小组），但无一例外全部失败，原因有三：其一，此类反腐委员会均为苏哈托政权的合法性服务，比如通过查处前任总统部下官员的腐败问题来显示自身政权的优越、合法与正当；其二，苏哈托家族后期自身腐败问题严重，自然难以彻底查处腐败问题；其三，各反腐小组均主要针对下层腐败官员，而对真正应当负责的高层腐败官僚视而不见。[1]苏哈托下台后，新的消除腐败委员会强调自身独立，监督财产公开，有效打击腐败，使得印度尼西亚从最腐败国家的行列中走了出来。无独有偶，乌干达的政府监察专员同样是失败的典型，政府高层为了显示反腐决心而建立了政府监察专员这一专门反腐机构。政府监察专员每年也能查出相当数量的腐败官员，但第一不敢查处军队普遍存在的虚报人数贪污军饷问题，第二不敢查处高级官员的腐败问题，因为一旦失去军队和政府高层的支持，专门反腐机构便自身难保。最终的结果是，年年有大批腐败分子落网，但新的贪官如"野火烧不尽，春风吹又生"，社会公众对反腐机构毫无信心。[2]

---

[1] Butt, Simon, *Corruption and Law in Indonesia*, Routledge, 2011, pp. 17~20.

[2] Tangri, Roger, Andrew M. Mwenda, "Politics, Donors and the Ineffectiveness of Anti-corruption Institutions in Uganda", *The Journal of Modern African Studies*, 106 (2006).

孟加拉的反腐败委员会则沦为政治斗争工具，异化为当权者的爪牙。该机构在 2007 年军方背景的孟加拉过渡政府成立后参与了一系列高调反腐运动，逮捕大批党派领袖、内阁成员和商界精英，并以受贿、偷税和欺诈等罪名起诉。最初，这种反腐运动是得到了民间支持的，因为孟加拉国属于腐败严重国家，民众久苦于贪官污吏。但是，由于落网的大多是执政党的政敌，反对的声音开始出现并蔓延。随后，过渡政府又开始以"煽动政治动乱"的罪名逮捕批评人士（其中许多为大学教授），终于使得反腐运动自身的正当性消解，引发民间抗议浪潮，其后反腐运动中的大规模刑讯和羁押期间死亡事件渐渐浮出水面。[1]

2. 职责功能的综合性

各国专门反腐机构的功能主要分为三类：其一为执法功能，包括调查功能和起诉功能。绝大部分的专门反腐机构都具有调查职能，以作为其有效打击职务犯罪的基础。另有少量专门反腐机构，如孟加拉反腐败委员会和菲律宾监察专员，还建立了内设机构专门负责起诉。其二为预防功能，包括监督功能、研究功能和政策建议功能。所谓监督功能，是指通过派出常设监察专员、进行年度财务或收入审计、要求进行财务公开等方式对公职人员进行监督。巴西的审计长办公室最为典型，其以进行全国性的审计为主要工作，通过审计来广泛监督全国官员，并发现腐败线索。研究功能主要通过雇佣研究人员负责腐败现象的研究、腐败风险的评估来实现。政策建议功能，指监督和协调反腐战略实施、审查和起草相关法律、训练和指导政府官员反腐常识、审查机构设置和法律政策的腐败漏洞并提出改进建议等，上述专门反腐机构大都具有这项功能。其三为教育功能，主要指反腐机构参与到市民社会的反腐教育中去，通过与市民社会合作、建立反腐非政府组织以及进行反腐教育宣传等，达到改变根深蒂固的腐败文化的目的。

从实践效果来看，同时兼有执法、预防和教育三项功能的综合型反腐机构，最有可能取得良好的反腐效果。澳大利亚新南威尔士、马来西亚即属于这种综合型反腐机构的典型，占成功或部分成功之专门反腐机构的 50%。拥有强力而高效的执法功能，对胆敢犯下腐败犯罪的嫌疑人进行普遍的追诉和

---

[1] Hough, Dan, *Corruption, Anti-corruption and Governance*, Springer, 2013, pp. 56~57.

惩戒，提高腐败犯罪的成本，使官员"不敢腐"，是遏制腐败问题的直接途径；对腐败发生的原因和现状进行科学的研究，对宏观的法律规章和微观的单位管理进行分析以发现容易提供权力寻租机会的制度漏洞，使官员"不能腐"，是减少腐败机会的必经之路；而对官员和公民进行深入的清廉教育，倡导拒绝行贿，鼓励举报腐败，净化滋生腐败的社会土壤和落后文化，使官员"不想腐"，是走向清廉社会的百年大计。当然，功能设置只是一方面，功能在实践中的落实同样关乎成败。

执法功能主要体现为调查职能，也可以包括起诉职能。首先，没有调查权的专门反腐机构将失去震慑腐败分子的能力，成为"无牙之虎"。巴西成立的审计长办公室号称"统管治理腐败"，却缺乏法律授予的调查权，只能作为一个缺乏威慑力的监督者存在，无法从基础上改变官僚、司法系统腐败，职务犯罪侦查不力的现状。厄瓜多尔的公民反腐委员会只有职务犯罪的"初步调查权"，无法使用搜查、扣押、逮捕等强制性侦查措施，最终以反腐不力、机构废止告终。其次，法律赋予的执法权无法有效展开同样会导致失败。例如，阿根廷的反腐败办公室虽然有充分的调查权，但只有33个侦查员，[1]2001年自行侦查的案件仅起诉44起，其中还有20起被法院驳回，低下的执法能力在国家的系统性腐败面前无异于杯水车薪。[2]韩国的反腐与民权委员会同样有法律授予的调查权，但实践中几乎还是转交其他机构侦查，执法权被架空，腐败治理止步不前。[3]最后，并非执法权限越大，反腐效果越好。少量专门反腐机构如孟加拉的反腐败委员会、菲律宾的监察专员、博茨瓦纳的腐败与经济犯罪委员会和乌干达的政府监察专员，有内设机构专门负责职务犯罪案件的起诉，但反腐机构掌握起诉权并未使这四个机构变得更高效，从前文量化分析的结论来看，这四个国家的反腐并未有显著成效。[4]菲律宾的监察专员甚至拥有宽泛的惩罚权，可以参照法庭规则和相应程序对

---

[1] Anti-corruption Authorities,"Argentina", https://www.acauthorities.org/country/arhttps://www.acauthorities.org/country/ar，2017年6月15日最后访问。

[2] Meagher, Patrick,"Anti-corruption Agencies: Rhetoric Versus Reality", *The Journal of Policy Reform*, 84 (2005).

[3] Hough, Dan, *Corruption, anti-corruption and governance*, Springer, 2013, p. 82.

[4] See 2004 Anti-corruption Commission Act (Bangladesh) §33, The Ombudsman Act of 1989 (The Philippines) §3, 1994 Corruption and Economic Crime Act (Botswana) §39.

蔑视法庭罪的规定，对蔑视反腐机构及其职权的个人施加刑罚。[1]

预防功能，包括监督功能、研究功能和政策建议功能。这项功能存在于一个假设的基础上，即大多数公务员所处的工作环境不仅提供了贪腐的机会，甚至还在鼓励那些意志薄弱者和本性贪婪者参与腐败行为。澳大利亚新南威尔士的独立反腐委员会拥有广泛的职务犯罪预防职权，包括审核机关管理法规、实践和程序，提出修改建议以利于发现或减少腐败行为；指导、建议和协助任何机关、公职人员或其他人关于可以消除腐败行为的方式；与机关和政府官员合作审查法规、实践和程序以期减少发生腐败行为的可能性。澳大利亚新南威尔士的独立反腐委员会可以向相关机关单位发书面建议书告知建议修改部分规章、实践操作或程序，收到通知的单位应当在3个月内回复是否准备按建议书内容进行修改，并在12个月后报告相应修正的实施情况。[2]

教育功能建立在这样一种认识的基础上，即腐败不仅是官僚系统内部的问题，也是整个社会文化和公民态度的问题，整个社会弥漫的腐败文化、公民对于腐败逆来顺受甚至内心认可的态度都应当为腐败的现状负责。菲律宾的廉政专员雇佣员工超过1000名，但主要都是调查员和起诉官，从年度工作报告来看，与市民社会关系疏远，未能教育社会公众真正地了解腐败和抗击腐败，机构成立30多年了，菲律宾仍然是严重腐败的国家之一。[3]

3. 调查措施的有效性

腐败犯罪尤其是贿赂犯罪，不同于一般有具体受害人的刑事犯罪，很难依靠受害人报案来发现犯罪。贿赂犯罪中并没有具体受害人，行贿人和受贿人不论是谁，如果向调查机关报告贿赂犯罪的存在，均会导致自身名誉扫地，贿赂所得收益将化为乌有，还往往伴随牢狱之灾。出于趋利避害的考虑，行贿人或者受贿人主动自首的情况比较罕见。不仅发现犯罪困难，而且由于腐败案件的犯罪分子智商高、反侦查意识强，贿赂行为等多隐蔽进行且没有银行转账记录，侦破难度也高于普通案件。发现犯罪和侦破犯罪的高难

---

[1] The Ombudsman Act of 1989（The Philippines）§15.9.
[2]《澳大利亚新南威尔士1988年廉政公署法》第13、111E条。
[3] 参见"菲律宾监察专员2015年年度工作报告"，载 http：//www.ombudsman.gov.ph/index.php? home=1&navId=Ng==&subNavId=NDg=，2017年6月16日最后访问。

度使得各国赋予专门反腐机构强于一般刑事侦查机关的特殊权限,即通过赋予侦查措施权威性来保障抗击腐败的有效性。专门反腐机构在权力范围上必须具有权威性,主要体现在其必须具有强力的侦查权。

各国专门反腐机构侦查措施的权威性主要表现为以下几个方面:

第一,强调物证、书证收集措施的权威性。澳大利亚新南威尔士独立反腐委员会调查人员有权要求机构或个人回答问题。调查人员出于实现"侦查目的"的需要,有权在发出书面通知的情况下,要求公共机构或者公职人员提供特定信息。[1]这项权力是各国、地区独立反腐机构普遍享有的权力,但澳大利亚新南威尔士独立反腐委员会此项权力的对象只能是"公共机构或公职人员",范围更为狭窄。对于涉嫌职务犯罪的非公职人员(如无特殊身份的证人),无法行使这项权力。调查人员出于实现"侦查目的"的需要,有权以书面通知的方式,要求公民个人(无论其是否具有公职身份),在特定时间出现在特定地点,向特定侦查人员交付特定的文档或者物品。要求提供文档或者物品权力针对的对象,明显比前述要求提供信息权力针对的对象要宽泛,表明立法者倾向于鼓励独立反腐委员会通过获取实物证据而非言词证据定罪。[2]从实践中看,澳大利亚新南威尔士独立反腐委员会办案也更依赖调取物证、书证,2015年澳大利亚新南威尔士独立反腐委员会年报显示,该机构该年共发出书面通知要求上交物证、书证次数为879次,而发出通知要求相关人员回答问题仅16次。[3]

第二,强调被告人口供收集措施的权威性。这一类专门反腐机构相对于一般侦查机构,拥有适用条件更为宽松的逮捕权,倾向于借助这一调查措施从嫌疑人处获得口供,实现定罪。总体而言,各国专门反腐机构普遍体现出这个特点,即逮捕适用条件宽松。比如在马来西亚,如果某人涉嫌犯下一项可逮捕的罪行,并且针对此嫌疑人有合理的举报、可靠的信息或者合理的怀疑,那么反贪污委员会侦查人员有权对其进行无证逮捕。如果某人阻挠反贪

---

[1]《澳大利亚新南威尔士1988年廉政公署法》第21条。
[2]《澳大利亚新南威尔士1988年廉政公署法》第22条。
[3]参见"澳大利亚新南威尔士独立反腐委员会2014-2015年报",载 https://www.icac.nsw.gov.au/docman/about-the-icac/corporate-reporting/4675-annual-report-2014-15/file,2018年4月5日最后访问。

污委员会侦查人员执法,那么侦查人员也有权对其进行无证逮捕。[1]基于合理的举报、可靠的信息或者合理的怀疑某人已经犯下职务犯罪的话,贪污调查局局长或者侦查员有权在没有取得逮捕令状的情况下逮捕该人。[2]这两个机构的无证逮捕权限都是比较宽松的。一般警察进行无证逮捕都要求证明某人已经或者正准备实施某犯罪的证据达到"合理理由"或者让人产生"合理怀疑"的程度,即要求客观上有合理证据、主观上产生了合理怀疑才能实施无证逮捕。但马来西亚和新加坡规定得更为宽松,不仅是现有证据让侦查人员产生"合理怀疑"某人已经犯下职务犯罪,"合理的举报"或者"可靠的信息"也可以作为无证逮捕的依据。

4. 经费、薪酬保障的充分性

专门反腐机构的财务保障,主要体现在机构经费和职员薪酬的充分保障两方面。反腐机构的雇员,是否应当获得高于一般公务员的薪酬?答案是肯定的,理由也是充分的。在腐败严重地区,反腐机构的职员工作辛苦而且工作本身具有一定的危险性,在对抗腐败官僚的过程中面临着遭受打击报复的风险;腐败增加市场交易成本,遏制公平竞争,损害政府行政行为的公平性,引发公民不满,因此反腐败的工作十分重要;反腐机构的雇员需要有专业、高超的技能和高于普通公务员的素质,"能者多薪"无可厚非;专门反腐机构一般被作为应对腐败问题的最后制度武器,在官僚系统坍塌性腐败的情况下,要让专门反腐机构成为"廉洁的孤岛",低水平的薪水显然不足以让调查人员抵制巨额的非法利益诱惑。[3]新加坡贪污调查局雇员的薪酬并不对外公开,但新加坡是举世闻名的高薪养廉之国,高级公务员月薪可达26 000美元。[4]

专门反腐机构的经费,对于反腐机构运行的效率和长期性具有重要意义。陈永生教授曾经就司法经费缺乏的危害进行过阐述,反腐机构经费不足同样会产生相关问题,包括可能导致反腐机构因依赖地方财政而失去打击贪

---

[1]《马来西亚刑事诉讼法》第23条。

[2]《新加坡防止腐败法》第15条。

[3] 潘剑锋:"高薪制:审判公正、廉洁和法官高素质的基本保障",载《政法论坛》2001年第6期,第15~21页。

[4] Meagher, Patrick, "Anti - corruption Agencies: Rhetoric Versus Reality", *The Journal of Policy Reform*, 98 (2005).

污官僚的底气，导致侦查人员更倾向于选择"简单粗暴"而非技术性强但成本更高的侦查手段，甚至导致徇私枉法等。[1]新加坡贪污调查局2010年雇员88人，预算1.4亿元人民币，就雇员人数和机构规模而言，其属于预算充足的反腐机构。然而对于其他国家的专门反腐机构而言，更常见的是预算不足的窘迫——乌干达政府监察专员2014年雇员376人，预算仅9500万元人民币；菲律宾监察专员2010年雇员1073人，预算仅1.5亿元人民币，比乌干达更为困窘，这也是菲律宾监察专员机构庞大但效率低下的重要原因之一。[2]

5. 监督机制的严密性

正如阿克顿勋爵所言："权力易于产生腐败，绝对的权力产生绝对的腐败。"任何权力机构，如果失去了监督，都容易走向滥用权力的深渊。对于专门反腐机构这样有强制逮捕权和技术侦查权的机构而言，如果失去有效监督，将对公民权利和政治生态构成巨大的威胁。在加强外部监督方面，新加坡和澳大利亚新南威尔士走了两条不同的道路。

新加坡贪污调查局强调"权力监督"的面向。与"软威权主义"的政体相适应，[3]新加坡贪污调查局的存续依赖最高领导人的支持，局长由总理任命，调查局对总理负责，总理还从宏观上领导贪污调查局的工作。新加坡贪污调查局没有义务向公民、媒体或议会公开自己的年度预算、工作情况以及面临投诉等，逮捕与搜查也无需法院授权，也没有设立类似公民监察委员会的机构让普通公民监督自己工作。最主要的监督来自总理，以及由高薪与责任感带来的自我约束。

澳大利亚新南威尔士独立反腐委员会采取的是"权力监督"与"公民监督"相结合的模式。从权力监督的角度而言，新南威尔士议会派出数位议员组成"议会委员会"常驻独立反腐委员会行使立法监督权，新南威尔士州长派出"巡视员"负责调查独立反腐委员会可能的违法或不当行为以进行行政监督，审计长负责审核该机构年度财务报告，另有新南威尔士监察员负责

---

[1] 陈永生：司法经费与司法公正，载《中外法学》2009年第3期，第390~410页。

[2] 参见"各国反腐机构规模、预算与法律等简介"，载 https://www.acauthorities.org/country/ph，2018年6月20日最后访问。

[3] Francis Fukuyama, "Asia's Soft - Authoritarian Alternative", *New Perspectives Quarterly*, 60 (1992).

监督通讯截取和监控设备授权的记录。在公民监督领域，新南威尔士独立反腐委员会下设"工作审查委员会"，其中有普通市民参与对该机构的监督。但在公民监督领域，主要还是通过广泛的信息公开实现的，新南威尔士独立反腐委员会需要公开包括财务报告、侦查数据统计、公民对机构行为及雇员的投诉等详细信息。[1]

四、我国监察委员会制度尚需完善的问题

（一）重打击轻预防教育

"重打击轻预防教育"是我国反腐机制的老问题。国家监察委员会成立前，检察机关职务犯罪预防职能存在不少问题。从业务展开情况来看，有不少业务（如预防调查、预防咨询以及预防宣传）在基层检察院并没有实际开展。[2]国家监察委员会成立后，在职务犯罪预防领域作出有益探索的是"巡视"工作。各级监察委通过巡视各机关单位，分别针对性地作出了"巡视情况"和"巡视通报"，对巡视对象提出了诸如加强规章制定、完善人员选任流程、改进决策程序等建议，但巡视报告的内容过于政治化和笼统化，仍然缺乏专业性和可操作性。[3]

我国反腐机构的反腐教育需要改进下列问题：首先是反腐教育的经费投入偏形象工程化。以山东省为例，2006年至2008年宽泛的职务犯罪预防（包括警示教育讲座）投入不过760万元，警示教育基地的投入却达到了3300万元。[4]其次是反腐教育的方式僵化。目前的基层反腐教育多出于应付绩效考核，存在教育方式不恰当、技术不到位、效果不明显、工作不持续等问题。而且警示教育多采用程式化的廉政教育讲座和贪官悔罪视频。最后是反腐教育的对象狭窄。目前反腐教育的对象主要是在任官员，而忽略了对普通公民的廉政教育。然而，普通公民不仅是抗击腐败的重要主体，在廉政

---

[1] 参见《2014-2015年澳大利亚新南威尔士独立反腐委员会工作报告》第28页。

[2] 桑本谦、李华："检察机关预防职务犯罪的困境和出路"，载《当代法学》2010年第3期，第57~70页。

[3] 参见浙江省监察委员会官网，载http://www.zjsjw.gov.cn/ch112/xsgz/，2018年6月23日最后访问。

[4] 桑本谦、李华："检察机关预防职务犯罪的困境和出路"，载《当代法学》2010年第3期，第57~70页。

意识缺乏的情况下，也会成为官员腐败的原因。廉政教育忽略公民社会的参与，很容易造成反腐教育效果不彰。

作为规定监察委员会职能的最主要法律，《监察法》对于监察委员会预防教育功能的关注并不足够。《监察法》在预防教育职能之规定上存在以下问题：其一，预防腐败规定过于笼统。《监察法》除了第6条提到"构建不敢腐、不能腐、不想腐的长效机制"这一宏观战略外，并无具体条款规定监察委员会如何展开职务犯罪预防工作。其二，廉政教育对象过于狭窄。《监察法》第11条规定"对公职人员开展廉政教育"。可见，我国《监察法》仅强调对公职人员展开廉政教育，而忽略了清理腐败发生的民间土壤。

（二）调查措施仍不完备

对于职务犯罪这种隐蔽性强的犯罪行为，技术调查能够发挥极为关键的作用，并且与长期羁押相比更为文明。因此在《监察法》出台之前，陈光中先生就呼吁要赋予监察委员会技术调查权，但强调需经过严格审批并交由公安机关协助执行。[1] 2018年出台的《监察法》第28条确实赋予了监察机关技术调查权，但却并未明确规定审批主体和审批程序，实践中交由监察委员会内部审批，由监察委员会主任决定能否适用技术调查权。采用内部上下级式的审批方式，由于掌握批准权的监察委员会主任同样是侦查阵营的一员，不具有中立的地位和态度，更倾向于加强追诉从而批准技术调查的申请，无法对技术调查的使用进行实质性的制约，导致这项权力容易被滥用。

（三）污点证人制度尚未建立

集团式贪污中的财务人员和贿赂案件中的行贿人，在美国常常成为污点证人，且在与调查和检察人员签下协议换取量刑上的极大优惠甚至不起诉之后，成为指证主要被告人的关键。以贿赂犯罪为例，贿赂犯罪通常有行贿和受贿双方，只要突破一方，就能够获得犯罪行为的定罪证据。在污点证人制度未建立的情况下，监察委员会仅能根据《监察法》第32条给出"从宽处罚"政策，而没有类似"免予起诉"的谈判筹码，这样无疑难以打动行贿人或者受贿人。而且从程序上看，《监察法》所赋予的"从宽处罚"要求涉案人员先招供，然后再通过严格的上级审批程序决定能否给予优惠，这会给

---

[1] 陈光中、邵俊："我国监察体制改革若干问题思考"，载《中国法学》2017年第4期，第32页。

涉案人员带来极大的不确定感，涉案人员无法明确"看到"量刑从宽的存在，因此权衡利弊之后往往缄口不言。

（四）监察人员薪酬有待提高

监察委员会人员保障存在的问题主要体现在雇员薪酬方面。其一，监察委员会内部工作人员存在同工不同酬问题。就监察人员的工资而言，目前由检察院反贪局调至监察委员会的员额内检察官仍然享受原来的员额内检察官高薪，工作相似但编制在纪委的人员却仍然是低薪，存在同工不同酬的问题。其二，监察人员的工资比照普通公务员工资水平发放，不利于调动监察人员办案积极性，也无法保障监察人员对腐败诱惑有足够的抵抗力。目前来看，除了转调到监察委员会的原员额内检察官，其他监察人员的年薪并不比一般公务员高，这与监察人员担负的反腐重任和高强度工作负荷是不相称的，不利于鼓励监察人员办案走向专业化。

五、监察委员会制度改革的基本思路

从各国专门反腐机构的运行状况看，专门反腐机构对于各国腐败而言并非包治百病的灵药。在此，笔者只是要破除对于专门反腐机构的"迷信"，而绝非主张专门反腐机构的"无用论"。相反，通过对已建立专门反腐机构的国家进行比较研究，笔者在认可专门反腐机构有效的基础上，强调对于专门反腐机构的有效性和正当性要"两手抓"：

（一）加强预防教育功能

监察委员会预防功能的强化，可以从四个方面进行：一是组建专门内设机构，组织专门人员负责腐败预防工作，以实现预防腐败组织与人员的专业化。目前北京市监察委员会下设17个纪检监察室，仅笼统规定了其中8个为"执纪监督室"，负责"日常的联系和监督工作"，并没有设立专门的预防腐败部门。笔者建议将8个执纪监督室中的一个专门设为"预防腐败室"。二是实现预防腐败职能的法制化。按照目前各国的通行做法，我国应当在《监察法》中详细规定预防腐败工作的内容和程序。三是增加预防腐败工作的经费投入。四是预防腐败工作程序的专业化。目前监察委员会的"巡视"工作对于预防腐败工作有探索意义，需要进一步提高巡视工作强度，细化巡视报告的整改建议，规范"巡视回头看"的工作程序。此外，预防腐败工作可以考虑由监察委员会专门安排高学历人才，通过选定审查课题、起草审查提纲、拟定审查报告、审批执行等带有研究属性的程序，深入发现制度漏洞，针对性地提出改进建议。

监察委员会同样需要建立内设机构，专门负责廉政教育工作。当前将反腐教育经费主要用于建设廉政警示教育中心的做法需要改变，廉政教育对象也必须从公职人员拓宽到一般市民。廉政教育可以采用多种方式，包括社区会议、入户访谈、工厂和学校演讲等。制作广告、视频、电视剧进行反腐宣传同样是有效的手段。在这一点上，最高人民检察院组织拍摄的反腐主题电视剧《人民的名义》堪称成功典型，但此类成功的反腐影视作品目前仅限中央部门投拍，且数量稀少。与教育体系展开合作，通过制作对年轻人富有吸引力的教学视频或案例解析增进下一代的反腐败意识同样是重中之重。

（二）构建专业调查措施

在我国，不是因为种种担忧而在职务犯罪侦查中忌讳使用技术调查措施，就是法律授权后不加以司法审核的外部约束以致容易滥用，这两种倾向都过于极端。目前职务犯罪侦查功能已经从检察院分离出来，使得检察院在职务犯罪诉讼过程中的地位更为中立。中立化的检察院更适合成为监察委员会职务犯罪调查措施的审核机构。在非职务犯罪的普通刑事案件侦查中，检察院本就是逮捕措施这种最严厉羁押措施的审批主体，在我国被作为司法机关的一部分来对待。各国专门反腐机构的技术调查措施审批主体，皆为各级法院。我国传统上严厉的侦查措施审批机关为检察院，本着最小改革成本的原则，宜由检察院进行技术调查措施的审批。

（三）建立我国的污点证人豁免制度

污点证人豁免制度的建立对于解决贿赂犯罪的调查困难问题具有重要意义。在我国，法律和实践中存在不予立案、撤销案件、不起诉和从宽处罚四种豁免方式。观察我国的贿赂犯罪污点证人豁免制度，仍然存在不可见、不一定、不完全和不规范的问题。为应对前述问题，结合我国具体情况，我国宜借鉴证据使用豁免的豁免模式，构建规范型的豁免程序，采纳"完全符合式"的审查标准，确立重新起诉、伪证和蔑视法庭刑事责任追究等保障机制。

（四）提高监察人员薪酬

反腐是执政党当前最突出的政策和任务，而这一政策的重担落在了监察委员会的肩上。由于担负的责任更重，调查的案件更为复杂和隐蔽，被期待采取的调查方法更文明和专业而非简单粗暴办案，监察人员应获得更高的薪酬。高于普通公务员的薪酬水平，有利于提高监察人员对自身工作重要性的认识，培养监察人员的反腐使命感和责任感，激励监察人员更出色地完成任务，也使得监察委员会能招募到更多能力突出的人才。

给监察人员加薪，首先要考虑的是加薪的模式问题。目前我国的政体已经改变为"一府两院一委"，监察人员的薪酬到底是按照政府的行政级别模式进行发放，还是按照法院和检察院的员额制模式进行发放，是有一定的讨论空间的。笔者认为，考虑到监察人员很难像法院围绕员额法官组建办案团队那样工作，因此并不适宜采用员额制进行管理。此外，监察委员会不属于司法机关，监察人员获得独立办案资格也不像获得员额内法官和检察官资格要求的比例和条件那么严格。笔者建议仍然按照公务员薪酬管理制度设置级别工资，但每一级别工资均高于同级别公务员工资。其次要考虑的是同级别监察人员薪酬与同级别政府公务员薪酬相比高出多少合适。笔者认为，可将同级监察人员工资设置为同级普通公务员工资的1.5倍。

六、监察体制改革的核心：机构独立性

职务犯罪调查机构，尤其是类似监察委员会这种专门反腐机构，其最初设立的一大原因，即为原内设于机构内部的行政监察部门或者纪检监察部门独立性差而难以有效进行监察。为了解决这一问题，我国将多方反腐监察力量整合并独立出来，成立了与政府、法院和检察院相并列的监察委员会。我国《宪法》第127条第1款规定："监察委员会依照法律规定独立行使监察权，不受行政机关、社会团体和个人的干涉。"《监察法》第4条第1款规定："监察委员会依照法律规定独立行使监察权，不受行政机关、社会团体和个人的干涉。"这两款规定确立了监察独立的原则，但其中仍有诸多细节值得探讨。

（一）职务犯罪调查机构与人大的关系

我国《宪法》第62条规定，全国人民代表大会负责选举国家监察委员会主任。第101条规定，县级以上的地方各级人民代表大会负责选举本级监察委主任。同时，《宪法》第67条规定，全国人民代表大会常务委员会有权

监督国家监察委员会的工作，并可根据国家监察委员会主任的提请，任免国家监察委员会副主任、委员。第 104 条规定，县级以上的地方各级人民代表大会常务委员会有权监督本级监察委员会的工作。这确定了各级人大与监察委员会之间的关系，即各级人大对监察委员会行使单向监督权，而监察委员会无法对人大机构进行逆向监督，但有权通过职务犯罪调查的方式监察人大机构工作人员和部分有公职身份的人大代表。

1. 人大对监察委员会的监督

我国《宪法》第 3 条规定了民主集中制原则，并将其作为国家机构的组织原则，这项原则包括三部分内容：其一，在人民与权力机关的关系上，由人民选举产生并监督权力机关；其二，在权力机关与其他国家机关的关系上，由权力机关产生并监督其他国家机关；其三，在中央和地方国家机构的职权划分上，中央统一领导但保障地方的主动性和积极性。

全国各级人大有权对各级监察委员会进行机构监督。人大作为整体是权力机关，是国家主权和人民主权的表征，其直接行使的监督权是权力机关对其他国家机关的监督权。各级人大及其常委会实行集体负责制，按照民主集中制的原则，集体对监察委员会行使监督权。这种监督指的是人大作为一个权力机关对监察委员会的监督，是对机构履行职责情况的监督。人大监督的主要形式是审议监察委员会的工作报告，依法提出质询案，依法组织关于特定问题的调查委员会，依法罢免或撤销公职。[1]

我国《宪法》第 126 条规定："国家监察委员会对全国人民代表大会和全国人民代表大会常务委员会负责。地方各级监察委员会对产生它的国家权力机关和上一级监察委员会负责。"人大对于监察委员会的监督有以下突出特点：其一，人大对监察委员会履职情况的监督带有集体属性，按照少数服从多数的民主原则进行评判，属于政治监督；其二，人大对于监察委员会工作人员的监督，具有间接属性。即人大作为权力机关，监督对象主要为国家机关，但国家机关是由国家机关工作人员组成的，因此人大也间接地监督国家机关工作人员。

---

[1] 刘小妹：“人大制度下的国家监督体制与监察机制”，载《政法论坛》2018 年第 3 期，第 18 页。

2. 监察委员会对部分人大代表及人大工作人员的监察

人大为监督其他国家机关的主体，这种监督是单向的，其自身受人民监督、对人民负责，任何其他国家机关都不得对其进行监督。但是，部分履行公职的人大代表，以及人大机构中的工作人员，由于其职务的公共属性，其履职过程中的遵纪和清廉情况也会成为监察委员会的监察内容。

（1）监察委员会对人大代表及人大工作人员的监察范围。关于监察委员会有权调查的人大代表及人大工作人员的范围，大致有三种观点：第一种为全部监察论。这种观点认为，国家监察委员会有权监察所有"国家公职人员"，而各级人大机关工作人员属于公职人员之范畴，并且此处的"人大机关工作人员"应作广义理解，不仅包括人大工作人员，还包括人大代表。[1]也有学者在认同这种全范围监察的基础上，认为对公职人员的监督在客观上会对组织机构产生一定的作用力，故而应当建立一定的防范和隔离措施，防止通过人员对机构形成实质监督。[2]第二种为不得监察论。持有这种观点的学者认为各级人大应当依靠自律来对内部的人大代表进行管理，指出对"人大代表、人大常委会委员的职务违法违纪行为，应当由其所在国家机关追究相应的责任，而不宜由监察委员会追究责任"。[3]第三种也是最常见的观点为部分监察论。这种观点主张，监察委员会有权监察部分有典型公职的人大代表和人大机关工作人员，但不得监察仅有人大代表身份而不履行其他公职的人员。[4]

笔者较为认可的是第三种观点，主要基于两点原因：第一，人大代表的身份并非典型的"公职人员"。《监察法》第15条规定，监察机关有权对"人民代表大会及其常务委员会机关的公务员"以及"其他依法履行公职的人员"进行监督。根据中纪委和国家监察委员会法规室编写的《〈中华人民共和国监察法〉释义》对《监察法》第15条的解释，人民代表大会及其常务委员会机关公务员"包括：（1）县级以上各级人民代表大会常务委员会领导人员，乡、镇人民代表大会主席、副主席；（2）县级以上各级人民代表大

---

[1] 蔡乐渭："国家监察机关的监察对象"，载《环球法律评论》2017年第2期，第137页。
[2] 马怀德："再论国家监察立法的主要问题"，载《行政法学研究》2018年第1期，第10页。
[3] 胡锦光："论监察委员会'全覆盖'的限度"，载《中州学刊》2017年第9期，第72页。
[4] 秦前红："我国监察机关的宪法定位以国家机关相互间的关系为中心"，载《中外法学》2018年第3期，第560页。

会常务委员会工作机构和办事机构的工作人员；（3）各级人民代表大会专门委员会办事机构的工作人员"。此处解释所指涉的上述人员大多同时具有人大代表身份，在此范围之外的其他人大代表明确被排除在外。那么，《监察法》第15条所指的"其他依法履行公职的人员"是否包含无公务员身份的人大代表呢？笔者认为应当是不包括的。此类人大代表并非典型意义上的公职人员。公职人员主要指国家公务员。考察我国有关法律之规定以及制度运行的实践，各级人大代表并非当然的公务员，一般情况下并不作为政务处分的对象。《公务员法》第2条第1款规定："本法所称公务员，是指依法履行公职、纳入国家行政编制、由国家财政负担工资福利的工作人员。"典型的公务员由国家财政负担工资福利。公务员属于国家财政供养的人员，各级人大代表中由农民阶层、新兴职业阶层等产生的人大代表并不由国家财政供养，也不纳入国家编制，因而不应被视作公务员。第二，不具有公职的人大代表参与人民代表大会投票，只是偶尔作为人民的代表行使投票权利，这并非他们的"主业"，而是"兼职"。只是因为其偶然的一次被推选进行投票的行为，就将其视为一般的公职人员而纳入监察委员会职务犯罪调查的范围，无疑是扩张了监察委员会的调查范围。

笔者之所以反对"不得监察论"，是因为我国人大代表中有一半以上具有公职身份，不加区分地认为具有人大代表身份的公职人员可免于监察是不切实际的，也不利于反腐败工作的正常开展。有研究者调研发现，我国各级人大中有95%以上的人大代表为兼职代表。[1]对于此类人数众多的兼职代表而言，人大代表的身份于其而言其实只是一种"兼职"，除此之外其尚有"主业"和"本职"工作，其中便有被纳入监察机关监察对象的职业，如国有企业管理人员等。因此，对于具有人大代表身份的公职人员，监察机关应当有权进行监察。

（2）监察委员会对人大代表的职务犯罪调查程序。法治成熟国家一般都给予议会议员某些特殊保障，包括：其一，对议员的人身保护。如《美国宪法》规定，两院议员除犯有叛国罪、重罪及损害治安罪外，在议会开会期间及往返途中，不受逮捕。其二，对议员的人身保护。如《法国宪法》规定，

---

[1] 郝铁川："循序渐进完善人大代表制度"，载《法制日报》2015年10月13日。

不得根据在行使职权时所发表的意见或所投的票对议员起诉、搜查、拘禁或者审判。[1]

　　尽管我国当前规定的监察委员会的调查措施和过去检察院反贪局的侦查措施是有区别的，但就留置措施而言，其仍然是一种实实在在的严厉逮捕措施。这主要是由以下三个方面决定的：其一，留置措施是一种限制嫌疑人人身自由，且封闭性极强的措施。根据《监察法》第22条的规定，留置一般在特定场所执行，实践中一般为纪委的"双规"基地、廉政教育基地或者走读基地，或者公安拘留所、看守所等。嫌疑人被适用留置措施期间，有"可能毁灭、伪造证据，干扰证人作证或者串供等有碍调查情形"的，可以不通知家属，体现出很强的秘密性。而留置期间，律师一般不得会见，封闭性极强。其二，法律认可了留置措施是与逮捕措施严厉程度相同的措施。《监察法》第44条规定，被留置人员涉嫌犯罪移送司法机关后，被依法判处管制、拘役和有期徒刑的，留置1日折抵管制2日，折抵拘役、有期徒刑1日。可见，法律认可了留置措施类同指定居所监视居住和逮捕等刑事强制措施，皆为限制嫌疑人自由的调查措施，可以折抵刑期。此外，法律还认可了留置措施对嫌疑人人身自由限制的严厉程度是严于指定居所监视居住（指定居所监视居住2日折抵刑期1日），而与逮捕措施相同的（逮捕1日折抵刑期1日）。其三，留置措施的适用最长时限极长。按照《监察法》的规定，留置措施期限为3个月，特殊情况下可延长一次，时间不得超过3个月。但如果检察院经审查认为需要补充核实的，应当退回监察机关补充调查，以二次为限，每一次补充调查都应当在1个月内完成。如此一来，一般期限加上一次延长期限，再加上两次补充调查期限，使得监察委员会在调查阶段对嫌疑人采取留置措施的最长时限达到了8个月。

　　我国《宪法》第74条规定："全国人民代表大会代表，非经全国人民代表大会会议主席团许可，在全国人民代表大会闭会期间非经全国人民代表大会常务委员会许可，不受逮捕或者刑事审判。"《全国人民代表大会和地方各级人民代表大会代表法》第32条第1、2款规定："县级以上的各级人民代表大会代表，非经本级人民代表大会主席团许可，在本级人民代表大会闭会

---

[1] 法学教材编辑部《宪法学》编写组：《宪法学》，群众出版社1983年版，第423页。

期间，非经本级人民代表大会常务委员会许可，不受逮捕或者刑事审判。如果因为是现行犯被拘留，执行拘留的机关应当立即向该级人民代表大会主席团或者人民代表大会常务委员会报告。对县级以上的各级人民代表大会代表，如果采取法律规定的其他限制人身自由的措施，应当经该级人民代表大会主席团或者人民代表大会常务委员会许可。"这里的"其他限制人身自由的措施"应当被认为包括留置措施在内。

（二）职务犯罪调查机构与检察院的关系

我国《宪法》第127条第2款规定："监察机关办理职务违法和职务犯罪案件，应当与审判机关、检察机关、执法部门互相配合，互相制约。"不论从《宪法》规定，还是从监察委员会的组织和职权的复杂属性来看，互相配合、互相制约恰当地描述了我国当前检察机关和监察机关的关系，并且具有一定的合理性。

检察机关对监察机关的制约主要体现在以下几个方面：其一，检察机关对监察机关职务犯罪调查案件进行审查起诉。《监察法》第47条第2、3款规定："人民检察院经审查，认为犯罪事实已经查清，证据确实、充分，依法应当追究刑事责任的，应当作出起诉决定。人民检察院经审查，认为需要补充核实的，应当退回监察机关补充调查，必要时可以自行补充侦查。对于补充调查的案件，应当在一个月内补充调查完毕。补充调查以二次为限。"其二，检察机关对于监察机关收集证据的方式进行规范。《监察法》第33条第2款规定："监察机关在收集、固定、审查、运用证据时，应当与刑事审判关于证据的要求和标准相一致。"可见，监察机关应当沿用审判标准收集证据，但由于存在"侦审阻断"效应，监察机关在调查职务犯罪时并不直接与法院产生联系，导致其在实践中难以精确把握"审判标准"。检察机关拥有丰富的诉讼经验，加之其居于侦审之间的诉讼位置，对监察机关具体把握审判标准能够起到积极作用。

监察机关对于检察机关的制约在于，监察机关对检察机关针对职务犯罪案件所作出的不起诉决定的复议权。《监察法》第47条第4款规定："人民检察院对于有《中华人民共和国刑事诉讼法》规定的不起诉的情形的，经上一级人民检察院批准，依法作出不起诉的决定。监察机关认为不起诉的决定有错误的，可以向上一级人民检察院提请复议。"

(三) 职务犯罪调查机构与行政机关的关系

我国《宪法》第 127 条第 1 款规定:"监察委员会依照法律规定独立行使监察权,不受行政机关、社会团体和个人的干涉。"此前置于行政机关内部的行政监察机关,由于无法避免行政机关的干扰,监察能力的发挥"大打折扣"。由此,国家监察体制改革才基于监察权独立行使的改革理念,将监察权从行政权当中"剥离"出来。

为实现监察机关相对于行政机关的独立,有学者认为应当改革当前的预算管理体制。根据我国《预算法》第 23 条和第 24 条的规定,中央预算、决算草案由国务院负责编制,县级以上地方各级预算、决算草案则由本级地方人民政府负责编制。这将造成监察机关在财务上依附于行政机关,不利于监察机关独立开展职务犯罪调查工作,尤其是在针对行政机关工作人员的时候。[1] 笔者认可前述观点。保障监察委员会独立性的关键,首先在于实现监察委员会的财务独立,这一点不妨与当前司法改革的大背景融合起来。当前实现财务独立有三种思路:其一,监察机关的财务由中央政府统一列支;其二,监察机关的财务由省级监察委员会统一安排;其三,监察机关的财务由省级监察委员统一安排,随着国家经济实力增强完成向中央统一经费拨付的转换。司法改革背景下,实现法院、检察院独立于地方的一大方案就是探索省以下人财物的统一管理。笔者认为,这一思路同样适用于监察委员会,法院、检察院独立于地方政府的改革措施,完全可以作为监察委员会改革的参考。省级以下监察委员会人财物的统一管理可以避免监察委员会在调查地市级重要干部时因为财务上的忧虑而畏首畏尾、拖泥带水。

---

[1] 王旭:"国家监察机构设置的宪法学思考",载《中国政法大学学报》2017 年第 5 期,第 139 页。

第三章
职务犯罪调查权的法律规制

随着《监察法》的出台和《刑事诉讼法》的修改，原本由检察机关拥有的职务犯罪"侦查权"，被转隶至监察机关，并被命名为"调查权"。[1]概念之称谓存在一字之差，这种权力的性质是否与过去不同，司法控制是否应当加强还是削弱，存在诸多争议。

一、监察机关调查权的性质

（一）学界的几种主要观点

对于监察机关调查权究竟具有何种性质，当前主要有以下几种观点：

第一种观点，认为监察机关调查权具有政治属性。监察机关的调查权不同于公安、检察机关的侦查权。从对象来看，监察对象为行使公权力的公职人员，而非普通的刑事犯罪嫌疑人；从内容来看，调查内容包括职务违法行为和职务犯罪行为，而非一般刑事犯罪行为；从过程来看，调查既要严格依法收集证据，也要依据党章党纪、理想信念等做被调查人的思想政治工作，而非仅仅收集证据，查明犯罪事实。[2]

第二种观点，强调监察机关对于职务犯罪行为的调查权与检察机关享有的职务犯罪侦查权并无实质区别。监察委员会有权采取的技术调查措施与留置措施，虽名为"调查措施"，但严厉性与《刑事诉讼法》规定的强制性刑事侦查措施无异。因此，其不能突破《刑事诉讼法》的限制，而应当沿用

---

〔1〕《刑事诉讼法》第19条规定，人民检察院"对诉讼活动实行法律监督中发现的司法工作人员利用职权实施的非法拘禁、刑讯逼供、非法搜查等侵犯公民权利、损害司法公正的犯罪"，享有侦查权力。但考虑到此类案件在实践中极度稀少，此种侦查权力属于职务犯罪调查权中极为次要的部分，而职务犯罪侦查权力的主体无疑已经转隶至监察机关，并被称为"调查权力"。

〔2〕贺夏蓉："准确把握监察机关的政治属性"，载《中国纪检监察报》2018年6月14日。

《刑事诉讼法》的相关程序规定进行规制。[1]

第三种观点，认为监察机关调查权是一种与侦查权不同的权力，拥有许多特殊之处。其一，监察机关的调查权为调查工作和强制措施的综合体，留置被作为一种调查手段，而非强制措施对待，这点与侦查权配置明显不同；其二，监察机关调查权的辐射范围远超检察机关侦查权所针对的刑事犯罪领域；其三，调查权的立案模式及调查与立案的关系不同于刑事立案与侦查；其四，相较于一般刑事侦查程序，调查权对言词证据的取证程序限制更少，而对实物证据的取证程序限制更多；其五，监察机关调查权缺乏警察权支撑的强制执行力，既没有内设公安干警，也没有类似检察院、法院的"法警"队伍，导致部分调查措施要交由公安机关执行或需要其配合；其六，监察机关调查过程封闭性强，既排除辩护律师的参与，也令检察监督无从展开，主要依靠人大监督和自我监督。[2]

第四种观点，认为监察机关调查权具有监督属性、行政属性和司法属性。樊崇义教授认为，监察委员会的调查权兼具三种属性：监督属性、行政属性和司法属性。监督属性是为了实现"国家监察全覆盖"；行政属性是为了实现"对所有行使公权力的公职人员进行监察，调查职务违法和职务犯罪，开展廉政建设和反腐败工作，维护宪法和法律的尊严"；司法属性是为了实现对职务犯罪的案件移送审查起诉、提起公诉、严厉打击和惩办腐败犯罪。三种属性，监督是本质，行政和司法是实现监督不可或缺的手段，三者缺一不可，共同构成监察衔接机制的本质属性。[3]

第五种观点，首先承认监察机关调查权具有的违纪、政纪和违法调查的复合属性，但是又强调了其中对于职务犯罪行为的调查权力部分，与检察机关的职务犯罪侦查权并无实质区别。监察体制改革后，纪委行使的党纪调查权、监察部门行使的政纪调查权与检察机关行使的刑事侦查权合并，形成了一种一体化的"反腐败调查权"。党纪调查和政纪调查具有特殊性，其目

---

[1] 熊秋红："监察体制改革中职务犯罪侦查权比较研究"，载《环球法律评论》2017年第2期，第59页。

[2] 程雷："'侦查'定义的修改与监察调查权"，载《国家检察官学院学报》2018年第5期，第128页。

[3] 樊崇义："全面建构刑诉法与监察法的衔接机制"，载《人民法治》2018年第11期，第35页。

为查明违反党纪事实和违反政纪事实,从而为监察委员会作出党纪处分和政务处分提供事实根据。但是从调查结果而言,刑事调查的证据可作为检察机关指控犯罪的证据,事实上已取代刑事侦查,成为检察机关认定被调查人构成职务犯罪的重要来源。[1]总体来看,监察机关调查权与检察机关侦查权的相似之处有以下几点:其一,监察机关收集的证据要为检察机关和法院所接受,都须满足《刑事诉讼法》规定的证据要求。《监察法》第33条第2款规定:"监察机关在收集、固定、审查、运用证据时,应当与刑事审判关于证据的要求和标准相一致。"其二,监察机关收集的证据受《刑事诉讼法》所确立的非法证据排除规则制约,这一点与侦查机关收集的证据并无差别。其三,监察机关移送检察机关审查起诉的证据标准为"犯罪事实清楚,证据确实、充分",与侦查机关侦查终结的证明标准几乎完全相同。其四,程序倒流性质的制度,即"补充调查"制度,与侦查机关的"补充侦查"制度并无二致。监察机关调查结束并移送检察机关审查起诉后,检察机关若发现事实不清、证据不足或者遗漏主要犯罪事实或证据材料,可以采取补充调查措施,包括退回补充调查和自行补充调查。[2]

(二) 监察机关调查权性质的两个维度

关于监察机关调查权的性质,各种观点层出不穷而又差异极大,也从侧面反映出这一问题的复杂性。笔者承认监察机关调查权的复合性和复杂性,因此选择以一种多维的面向来描述这一复杂的性质。

1. 行政性而非政治性、司法性

监察机关调查权的行政性体现在以下几个方面:其一,"调查"一词,在我国原有法律文本中出现,主要是为了与"侦查"一词相区分,指代一些与公安机关、检察机关侦查职能不同的查清案件情况的方法和过程。在《监察法》出台前,"调查"主要指非强制性的取证手段,其与侦查的区分在于是否限制被调查人的人身权、财产权等权利。如《治安管理处罚法》第四章第一节规定了传唤、询问、检查、扣押、鉴定等具体调查行为,属于典型的行政机关调查取证行为。其二,调查权力具有行政性而非司法性。行政性权力的特点是上命下从(系统内上下级之间独立性弱)、积极性强和中立性较

---

[1] 陈瑞华:"论监察委员会的调查权",载《中国人民大学学报》2018年第4期,第11页。
[2] 陈瑞华:"论国家监察权的性质",载《比较法研究》2019年第1期,第7页。

弱。我国《宪法》第127条规定，监察机关"独立行使监察权，不受行政机关、社会团体和个人的干涉。监察机关办理职务违法和职务犯罪案件，应当与审判机关、检察机关、执法部门互相配合，互相制约"。监察机关调查权强调的是对外独立，而非级别独立，即在监察机关内部，在查办具体案件的时候，级别管辖较为灵活（上级监察机关尤其是国家监察委员会有权查办其认为重要的职务犯罪案件），上级监察机关有权指挥下级监察机关办案，体现出较强的行政权力的"上命下从"特点。此外，监察机关的调查权，是一种主动查明真相的权力，积极性强。虽然强调人员应当"以事实为依据，以法律为准绳"，但调查人员在查证职务犯罪事实的过程中，难免遵循"由人到事"的顺序。

就监察机关的机构属性而言，其确实带有一定程度的政治属性，即在党的领导下担负起对于公职人员的监察任务。但就监察机关的调查权力而言，从其权力内容和调查对象看，更多是原分散的调查权力的整合，不能说在整合之后就具有了之前并未提及的政治属性。

监察机关的调查权，同样不具有司法属性。司法权力，本质上是一种中立、独立、消极的判断权。根据《监察法》的规定，监察机关调查人员办案应当"以事实为根据，以法律为准绳"，即负有一定程度的客观义务，但达不到司法机构的中立程度。监察机关应当"独立办案"，但这种独立也是独立于外部的行政机关和社会团体等，而非独立于上级监察机关，这与法院执行审判任务时上下级之间也互相独立不同。监察机关作为调查机构，负有"深入开展反腐败工作"的任务，在反腐形势严峻的当下，其不可能消极等待腐败案件嫌疑人或污点证人上门告发，而需要抓住蛛丝马迹主动查证腐败事实，这一点与完全消极、不告不理的司法系统区别甚大。此外，监察机关的调查权尤其是职务犯罪调查权，并不属于一种判断权，最终的判断权力仍然在法院手中。

2. 复合性而非单一性

与曾经的检察机关单一的职务犯罪调查权不同，监察机关调查权是一种复合性的权力，具有违纪调查、违法调查和犯罪调查三种属性。

第一种属性为违纪调查属性。监察机关成立后，党内纪律检查机关与监察委员会合署办公，下设共同的内设机构，如执纪监督、审查调查和案管部门。监察机关对具有中共党员身份的公职人员展开调查之后，若发现该调查对象有违反党纪的行为（如违规接受请吃、出入私人会所等），则需要查明其具体的违纪行为，并根据党章和纪律处分条例对其进行违纪处分，包括警告、撤销党内职务和开除党籍等。对违纪党员的处分有一般程序和特殊程序两种。一般程序指经过支部大会讨论决定，报该级党委批准。特殊程序指在特殊情况下，由县级及以上级别党委和纪委直接决定对党员进行纪律处分。不管是前述何种程序，对违纪党员的处分都要经过纪委的专门调查程序，并制作调查报告。监察机关成立后，纪委的执纪调查职能转而由监察机关下设的调查部门来负责。这些内设部门须依照党纪调查程序完成调查，制作调查报告，并交由具有党纪处分权的党内部门，由其作出相应的党纪处分。

第二种属性为违法调查属性。我国秉承传统的"慎刑"观念，对于贪污受贿行为设置了入刑门槛，贪污受贿数额较小的，仅作为违法行为处理，而不动用刑罚手段。这种"数额犯"的入罪方式也与我国人情社会的传统文化土壤有关。礼尚往来的传统使得对于礼节性往来不适宜一律用刑罚进行处理，到底是正常往来还是略微逾越法律界限而只需给予纪律和政纪处罚，需要进行具体的分析。对于违法但不构成犯罪的被调查人，可以进行纪律处分和政务处分。所谓政务处分，在我国主要有三种：第一种为轻微政务处分，即对有职务违法行为但情节较轻的公职人员进行谈话、批评、教育、责令检查和予以诫勉；第二种为正式政务处分，即对违法的公职人员作出警告、记过、记大过、撤职和开除等处分；第三种为政务问责处分，即对不履行或者不正确履行职责的领导人员直接作出问责决定。[1]这种对于违法但不构成犯罪的行为的调查，所须遵循的程序和要求的证明标准之严格程度都低于刑事诉讼程序，处理后果也没有刑事处罚那么严重，具有一般行政调查的性质。

第三种属性为犯罪调查属性。根据《监察法》的规定，监察机关有权对"涉嫌贪污贿赂、滥用职权、玩忽职守、权力寻租、利益输送、徇私舞弊以及浪费国家资财等"职务犯罪进行调查。这种调查进入了刑事调查的轨道，与公安机关的刑事侦查权力性质相似。监察机关完成职务犯罪调查后，认为

---

[1] 张晃榕："如何作出政务处分决定初探"，载《中国纪检监察》2018年第6期，第70页。

嫌疑人涉嫌职务犯罪并且有充分证据的，应当移送检察机关进行审查起诉。《监察法》规定，监察机关收集的物证、书证和证人证言等证据材料，在刑事诉讼中可以作为证据使用。但《监察法》并没有要求监察机关收集的证据在刑事诉讼程序中被使用前需要进行相应转化。

二、职务犯罪调查权的法律控制

（一）职务犯罪调查权是否应受《刑事诉讼法》的约束

依照当前规定，监察机关的职务犯罪调查权只受到《监察法》的单独约束，而不受《刑事诉讼法》的制约。考虑到职务犯罪"调查"与"侦查"虽称谓不同，但具有极高的相似性，就其实质而言皆为对职务犯罪嫌疑人之涉嫌利用职权行使的犯罪活动进行的调查。若依照我国的立法惯例，这类对于犯罪行为的调查应当被纳入《刑事诉讼法》的规制范围，如今被从中排除，难免引发争议。总体而言，有以下三种观点：

第一种观点，支持职务犯罪调查单行立法：①普通刑事诉讼法的规制程序，难以全面、准确地体现职务犯罪与普通刑事犯罪不同的特点和规律。普通刑事诉讼法忽视了职务犯罪主体身份的特殊性和犯罪手段的隐蔽性。在强制措施、证据采信等规范设计上，考虑到职务犯罪主体身份的特殊性和高智能、高隐秘特点，要作出不同于普通刑事犯罪的特殊规定，并有效解决腐败犯罪的证明标准、建立污点证人与辩诉交易制度、特殊调查手段的执法主体、境外腐败资产追回、反腐败执法国际协作等关键性、瓶颈性问题，从而为反腐败斗争提供有效的法治资源，并实现与国际反腐败公约的有效衔接，推进法治框架下的反腐败国际合作。②普通刑事诉讼奉行谦抑、宽缓、非监禁化的原则；职务犯罪刑事诉讼则应秉承从重从严、坚决打击的理念。③普通刑事诉讼与职务犯罪刑事诉讼的价值目标并不相同。刑事诉讼打击犯罪与保障人权的双重价值目标，不能完整体现惩治腐败所特有的规范公共权力的核心价值，模糊了巩固党的执政地位、维护国家权力人民性的政治意旨。④普通刑事诉讼法秉承的"程序法治"理念在职务犯罪调查领域并不适用，在此领域应强调"实质正义"理念。[1]

---

[1] 吴建雄："国家监察体制改革的法治逻辑与法治理念"，载《中南大学学报（社会科学版）》2017 年第 4 期，第 6~7 页。

第二种观点，认为职务犯罪调查应受《刑事诉讼法》规制：①避免监察机关成为不受约束的超级机构。监察机关成为《刑事诉讼法》规范的主体，目的在于维护司法权的统一性和法律（《刑事诉讼法》）适用的统一性，同时避免监察权成为不受法律正当程序控制的超级权力，从而使警察、检察和监察三足鼎立的格局获得形成条件。[1]②监察委员会有权采取的技术调查措施与留置措施，虽名为"调查措施"，但严厉性与《刑事诉讼法》规定的强制性刑事侦查措施无异。因此，其不能突破《刑事诉讼法》的限制，而应当沿用《刑事诉讼法》的相关程序规定进行规制。[2]③当前，我国确立了一种集党纪调查权、政纪调查权与刑事调查权于一身的单轨调查体制。这种体制混淆了三种调查的界限和差异，降低了刑事调查的法制化水平，使得本来具有侦查性质的刑事调查既不受《刑事诉讼法》的约束，也难以为被调查人提供最低限度的程序保障。因而，有必要确立一种双轨调查体制，在监察机构内部设置相对独立的党纪政纪调查部门与刑事调查部门，前者受到《监察法》以及关联法规的约束，后者则与其他侦查机关一样，受到《刑事诉讼法》的约束。[3]

第三种折中论，认为对于职务犯罪调查权，适宜进行单独立法，但仍然受到《刑事诉讼法》的制约。这种论点总体来说认可了职务犯罪调查的特殊性，一般刑事诉讼法无法完全照顾到这种特殊性，但如果仅沿用单行法而忽视刑事诉讼法，则存在以下问题：①抛开《刑事诉讼法》单独作出规定，将重复相当一部分刑事诉讼法规范，形成立法不经济。《刑事诉讼法》规定的侦查措施，在《监察法》中被改作各种调查措施，包括讯问、询问、查询、冻结、搜查、调取、查封、扣押、勘验检查、鉴定、通缉等。然而，这些调查措施的内容和实施方式与《刑事诉讼法》对侦查措施的规定并无实质区别。《监察法》实际上基本采用了《刑事诉讼法》的相关概念，参照了《刑事诉讼法》规定的内容。②难以避免规范过于简略及制度不完善的问题。我国《刑事诉讼法》经过几十年实践，并经历三次立法修正，相对比较完善。

---

[1] 张建伟："监察至上还是三察鼎立——新监察权在国家权力体系中的配置分析"，载《中国政法大学学报》2018年第1期，第174页。

[2] 熊秋红："监察体制改革中职务犯罪侦查权比较研究"，载《环球法律评论》2017年第2期，第59页。

[3] 陈瑞华："论监察委员会的调查权"，载《中国人民大学学报》2018年第4期，第10页。

《监察法》不是刑事诉讼的专门法律，对相关措施的规范很难像《刑事诉讼法》那样完整。在刑事调查程序中，撇开《刑事诉讼法》，仅以《监察法》作为执行依据，监察机关在实践中遇到某些问题时将会因规范过于简略而无所遵循。[1]若单行立法与刑事诉讼法有冲突，则秉持"特殊法优于一般法"的原则，适用单行立法的规定。单行立法在具体模式上应采取以预防法为主，兼顾刑事法的折中模式。具体而言，单行立法应当包括以下内容：一是反腐指导思想、基本原则；二是腐败的基本概念；三是反腐组织机构及其分工；四是预防腐败的基本措施；五是国家公职人员预防腐败的特别义务；六是社会公共组织及公众的腐败预防；七是腐败行为的揭发与追诉；八是反腐败的国际合作机制。单行立法与《刑法》《刑事诉讼法》等相关基本法律之间是特别法与一般法的关系，发生冲突时，按照"特别法优于一般法"的规则优先适用单行立法。[2]

笔者相对认可第三种观点，即可以通过颁布单行立法对监察机关的职务犯罪调查权进行特别授权，但在无特别法规定的情况下，监察机关的职务犯罪调查权仍应受到《刑事诉讼法》的约束。主要理由如下：

第一，监察机关享有的职务犯罪"调查权"与检察机关享有的职务犯罪"侦查权"实质内容相似，系对刑事职务违法行为的调查和取证行为，因此都应当受到《刑事诉讼法》的约束。其一，监察机关职务犯罪调查措施中的技术调查措施与留置措施虽名为"调查措施"，但严厉性与《刑事诉讼法》规定的强制性刑事侦查措施无异，完全超出了行政监察机关所拥有调查措施的严厉程度。就严厉性而言，监察机关的职务犯罪调查措施与刑事侦查措施相近，完全超出了原行政性的调查措施。其二，监察机关获得职务犯罪调查权之后，检察机关的职务犯罪侦查权基本宣告转隶，其下设的反贪、反渎部门不复存在，可以认为监察机关的刑事调查职能是对检察机关的刑事侦查职能的替代。其三，按照《监察法》的要求，监察机关收集证据的标准应当达到《刑事诉讼法》的要求和标准，以非法方法收集的证据应当依法予以排除。这表明，虽然名义上监察机关的调查权不受《刑事诉讼法》约束，但其

---

[1] 龙宗智："监察与司法协调衔接的法规范分析"，载《政治与法律》2018 年第 1 期，第 8 页。
[2] 刘艳红："中国反腐败立法的战略转型及其体系化构建"，载《中国法学》2016 年第 4 期，第 239 页。

刑事取证行为却需要依照《刑事诉讼法》的规定来行使，也就是需要达到刑事侦查的标准，并承担与违法刑事侦查同样的后果（非法证据排除）。其四，监察机关收集的证据材料在刑事诉讼中可以作为证据使用。这证明监察机关的取证行为与检察机关的取证行为并无实质区别，两者产生的效力是趋同的。

第二，《监察法》对于调查措施的约束规定远不如《刑事诉讼法》细致，对于各项强制性调查措施的规定停留在"一般授权"的粗浅程度，而远远谈不上精确规制，容易导致这些调查措施被滥用。《监察法》出台时间短，法律文本缺乏长时间的打磨，短时间内无法像《刑事诉讼法》那样细致、完整。以《监察法》作为执行依据，在实践中遇到许多问题都可能会因为规范过于简略而无从遵循。以勘验、检查措施为例，从条文数量来看，《监察法》仅用1条就规定了勘验、检查措施规制的全部内容。而现行《刑事诉讼法》单独设立了1个小节，共8条来规制勘验、检查措施。就内容而言，《监察法》仅规定勘验、检查须专门人员、制作报告和加盖印章。而《刑事诉讼法》的规定则更为细致，规定了勘验检查人员的原则性和特殊性身份要求，保护现场的义务，需要携带的证明文件，解剖、采样和强制检查的具体要求，检察机关复验以及如何组织侦查实验等。《监察法》规定过于简略，不仅导致实践中的可操作性差，具体实践缺乏指引，也给了调查人员过大的自由裁量空间，容易导致调查措施被滥用。

第三，《监察法》中监察机关大部分调查措施的实质内容与《刑事诉讼法》规定的侦查措施并无实质差异，即使未来《监察法》细化对各调查措施的规定，也会造成重复立法的浪费。法律作为规范国家和社会运行的规制手段，重复性的立法不但会提高立法成本，也会造成法律适用中的情况复杂化，并不经济。《监察法》规定的监察机关有权采取的调查措施尤其是查封、扣押、勘验、检查和鉴定措施，与《刑事诉讼法》规定的相应措施并无实质性区别（与留置不同），监察机关运用这些措施也没有需要考量的特殊因素（与技术调查措施不同），没有重复立法的必要。

第四，从设立专门反腐机构的各国家和地区情况来看，沿用的立法模式大抵也是第三种。新加坡贪污调查局探员的特殊调查权力（如适用条件相对宽松的无证逮捕权）被规定于《新加坡防止腐败法》之中。而新加坡贪污调查局探员拥有的与普通警察无异的调查权力，统一受到《新加坡刑事诉讼法》的约束。英国负责贿赂犯罪调查的主要是反严重欺诈办公室（SFO）。从参与严重欺诈犯罪的侦查人员来看，包括SFO雇佣的会计师、律师、起诉人员、警察，甚至理论上可以包括任何SFO主任认为适合参与侦查的人。[1]但从实践来看，一般分为两类：一类是不具有警察身份的SFO雇员；另一类是警察。SFO雇佣的会计师和律师有权参与贿赂和腐败犯罪的侦查。[2]他们作为SFO雇员，参与腐败犯罪调查可以采取的措施，主要包括讯问嫌疑人、询问证人和调取证据，依据的法律为《英国1987年刑事司法法》。[3]而警察参与严重欺诈犯罪的调查，主要是应SFO主任的要求，其调查权力为普通的警察刑事侦查权，包括讯问、询问、逮捕、搜查和技术侦查等措施，法律依据为《英国1984年警察与刑事证据法》。澳大利亚新南威尔士州负责调查贪污贿赂犯罪的机构为州廉政公署。新南威尔士州廉政公署的特殊调查权力（如强制证人回答问题或者强制特定人提供物证的权力）被规定于《澳大利亚新南威尔士1988年廉政公署法》之中。而新南威尔士州廉政公署拥有的与警察无异的调查权力则与警察侦查权受到同样的法律规制，如逮捕权力被规定于《澳大利亚新南威尔士2002年执法（权力与责任）法》之中，保释权力被规定于《澳大利亚新南威尔士2013年保释法》之中，而技术调查权力被规定于《澳大利亚新南威尔士2007年监控设备法》之中。

（二）职务犯罪调查权的程序控制

1. 职务犯罪调查的司法审查

作为监察机关唯一有权采取的羁押性强制措施，留置措施的司法审查短期内仍难实行。从当下的制度环境和反腐任务来看，短期内在留置措施审批中引入中立的司法审查较为困难。可行的程序控制方案只能是提高审批机关的级别，即规定监察机关采取留置措施，须经上级监察机关批准，由上级监察机关领导人员集体研究决定。

从长远来看，应当在技术调查措施的适用中引入司法审查。当下实践

---

[1]《英国1987年刑事司法法》第1条第4款规定，主任可以与警察或者其他任何他认为适合参与的人，进行前述种类的侦查。

[2]《英国1987年刑事司法法》第1条第4款规定，SFO的主任有权让任何警察或者他认为合适的人，参与进严重欺诈犯罪的调查之中。

[3] 参见《英国1987年刑事司法法》第2条。

中，由于技术调查措施规制的模糊性和授权的内部性，使得这类调查措施容易被滥用，反而使得监察机关不敢使用这种调查措施而使其被搁置不用。因此，引入司法审查，实现技术调查措施的诉讼化，反而能够使技术调查措施真正被激活。此次监察委员会的成立，将职务犯罪调查权从检察院中剥离出来，使得检察院的"法律监督"属性被削弱。笔者认为，不妨借此机会将强制措施的审批权力也从检察院中逐步剥离出来，使检察机构更专注于实现公诉职能。毕竟，作为公诉机构，检察院在强制措施审查中的立场并不中立，有偏向犯罪控制而偏离人权保障的天然倾向。应有的改革方向是引入法院的司法审查，使得技术调查措施的审批更中立，更重视被调查人的权利保障，最大限度地防止技术调查措施被滥用。

就审查程序而言，宜由监察委员会和法院进行"双重审查"：即设置第一重审查为调查机构内部审查，第二重审查为司法审查。第一重审查，为监察委员会的内部审查。《监察法》规定，"经过严格的批准手续"，可以采取技术调查措施。至于何为严格的批准手续，仍待进一步界定。笔者认为，不妨沿用留置措施的内部审批程序，由监察机关领导人员集体研究决定。设区的市级以下监察机关采取留置措施，报上一级监察机关批准。省级监察机关采取留置措施，报国家监察委员会备案。第二重审查，为法院的司法审查，负责审查的法官应当与审判法官严格区分开来。为防止腐败官员的人际关系渗透进当地法院引发泄密，司法审查宜交由上级法院进行。法官签发的令状应写明允许采取之技术调查措施的调查对象、种类、时间、地点。

2. 职务犯罪调查的检察监督

我国《宪法》第127条第2款规定："监察机关办理职务违法和职务犯罪案件，应当与审判机关、检察机关、执法部门互相配合，互相制约。"检察机关对监察机关的制约主要从以下几个方面进行：

第一，检察机关对监察机关职务犯罪调查案件进行审查起诉。《监察法》第47条第2、3款规定："人民检察院经审查，认为犯罪事实已经查清，证据确实、充分，依法应当追究刑事责任的，应当作出起诉决定。人民检察院经审查，认为需要补充核实的，应当退回监察机关补充调查，必要时可以自行补充侦查。对于补充调查的案件，应当在一个月内补充调查完毕。补充调查以二次为限。"

第二，检察机关对于监察机关收集证据的方式进行规范。《监察法》第33条第2款规定："监察机关在收集、固定、审查、运用证据时，应当与刑事审判关于证据的要求和标准相一致。"监察机关应当沿用审判标准收集证据，但由于存在"侦审阻断"效应，监察机关在调查职务犯罪时并不直接与法院产生联系，导致其在实践中难以精确把握"审判标准"。检察机关拥有丰富的诉讼经验，加之其居于侦审之间的诉讼位置，对监察机关具体把握审判标准能够起到积极作用。

第三，应当赋予检察院机动侦查权，对监察机关管辖范围内的犯罪案件，在一定条件下介入并进行侦查。根据现行《刑事诉讼法》的规定，检察院的机动侦查权只针对公安机关管辖的案件适用，而不适用于监察机关管辖范围内的职务犯罪案件。这在无形中过度弱化了检察院的监督权。检察院在职务犯罪领域行使机动侦查权应当与在普通犯罪侦查领域相同，具体包括两种情况：其一，监察机关调查结束移送起诉，检察机关认为案件事实不清、证据不足，直接决定自行侦查。但这种情况极为罕见，一般是检察院在退回监察机关补充调查后，认为监察机关未能进行有效调查，为保证国家追诉的有效进行和司法正义的切实实现，检察院有必要自行侦查，从而决定接管职务犯罪案件的侦查。其二，监察机关对于该机关管辖范围内的职务犯罪案件不予立案或者没有进行有效侦查，检察机关提出监督意见后，监察机关没有接受或者虽然接受但并未作出让检察院满意的回应，此时检察机关有权直接立案侦查。[1]

3. 职务犯罪调查的律师介入

允许律师介入职务犯罪调查进程，主要有如下益处：其一，外部监督的缺乏，极易发生权力滥用的可能。律师的介入，有利于保护嫌疑人的合法权益，实现平等对抗，同时也有助于加强对监察机关调查活动的监督，促使其依法独立办案。其二，随着新《刑事诉讼法》的生效，污点证人豁免制度在我国初步建立。从各国经验来看，律师的介入有助于辩诉双方达成认罪和指认其他被告人换取豁免资格的共识。其三，《监察法》与《刑事诉讼法》均规定监察案件可适用认罪认罚从宽制度，而律师帮助是认罪认罚从宽制度顺

---

[1] 张智辉："检察侦查权的回顾、反思与重构"，载《国家检察官学院学报》2018年第3期，第46页。

利实施的必要保障,若将律师排除出职务犯罪调查程序,则会导致职务犯罪案件适用认罪认罚从宽制度遭遇重大障碍。[1]

职务犯罪调查过程的律师介入,最重要的体现为嫌疑人被羁押(留置)期间应当被允许获得律师帮助。《监察法》并未对羁押期间律师会见的程序作出规定。实践中,嫌疑人被留置期间,律师不得会见。部分职务犯罪案件,在嫌疑人羁押期间,允许律师会见嫌疑人,确实可能导致串供、毁灭证据等情况发生。笔者认为合理的立法模式为,允许律师会见嫌疑人,但设置例外情况,即有碍调查时禁止律师会见。具体而言,应当规定,自嫌疑人被采取留置措施第一天起,即有权聘请律师。但是,如果允许律师会见可能导致串供、干扰证人作证或证据收集、对他人人身造成伤害、惊动其他嫌疑人或者影响涉案财产处理的,可以禁止律师会见嫌疑人。

为解决我国职务犯罪调查中调查人员对于普通律师缺乏信任的问题,可以考虑建立公职律师制度。公职律师为被调查人提供法律服务,其法律依据为《刑事诉讼法》规定的律师法律帮助权利,但涉及重大贪污贿赂犯罪、可能影响调查时,监察委员会仍有权拒绝公职律师介入。公职律师由司法部颁发证书认证,由政府发放薪水,专职从事法律事务。[2]他们与一般律师的不同之处在于:其一,身份上,并不隶属于任何律师事务所;其二,职责上,业务相对固定,主要为被进行刑事调查之人提供法律服务;其三,权利上,比一般律师更广泛。对于超期留置、违法留置和变相留置的情形,应当赋予公职律师明确的权利,以向上级监察委员会反映,或者向检察院反映,由检察院进行监督。

---

[1] 卞建林:"配合与制约:监察调查与刑事诉讼的衔接",载《法商研究》2019年第1期,第22页。

[2] 王译:"职务犯罪调查程序中的公职律师行使法律帮助权之探讨",载《华南理工大学学报(社会科学版)》2019年第1期,第68页。

第四章
职务犯罪调查法与刑事诉讼法的体系衔接

职务犯罪调查的权力和程序，与一般犯罪侦查的权力和程序不同，受独立的《监察法》制约，拥有特殊化的规定。在职务犯罪调查阶段，权力和程序在《监察法》的轨道下运行，但监察机关调查完毕移送检察机关审查起诉后，起诉与审判又重新回归《刑事诉讼法》的轨道。这就如同通过国际列车运送货物，列车需要经过两个国家的不同轨道，想要货物顺利到达，就必须对两条轨道的数项标准进行统一，以保证衔接的顺畅。

一、监察证据与刑事诉讼证据的衔接

监察证据与刑事诉讼证据衔接的争议，与传统的行政证据与刑事诉讼证据间衔接的争议，有许多相似之处，但也有不同之处。传统法理认为，行政机关调取的行政证据，由于取证程序简单和取证标准宽松，达不到刑事诉讼对于证据材料的高度规范性要求，因此不能直接在刑事诉讼中作为证据使用。在这一理论基础上，为了解决部分行政机关调取的证据在刑事诉讼中无法进行转化使用或者重复调取使用而可能失去证据能力的问题，我国于2012年修正的《刑事诉讼法》第52条第2款规定："行政机关在行政执法和查办案件过程中收集的物证、书证、视听资料、电子数据等证据材料，在刑事诉讼中可以作为证据使用。"由此，行政机关调取的实物证据，一般可直接在刑事诉讼中作为证据使用。但行政机关调取的言词证据仍然需要经过公安机关和检察机关转化和固定才可在刑事诉讼中使用。

在监察委员会建立之前，纪检监察机关也进行了大量的调取嫌疑人有罪供述或者证人证言的取证活动，但纪检监察机关调取的言词证据不能直接在刑事审判中使用。只有在经过检察机关的转化和固定后，前述证据才能在刑事诉讼中使用。监察委员会建立后，和纪律检查机关两块牌子、一套班子，人员和职能都有很大的重合性,这就产生了监察委员会在职务犯罪调查中获取的证据能否在刑事诉讼中使用的问题。

2018 年通过的《监察法》第 33 条第 1 款规定:"监察机关依照本法规定收集的物证、书证、证人证言、被调查人供述和辩解、视听资料、电子数据等证据材料,在刑事诉讼中可以作为证据使用。"从这一条款的规定来看,监察机关获取的证据与行政机关获取的证据在刑事诉讼程序中被赋予了极为不同的地位。

目前来看,关于监察证据与刑事诉讼证据制度主要有三种观点:第一种观点认为,监察调查与刑事诉讼在程序上二元分立,但是在证据上是一体的,即"程序二元、证据一体"。这种证据一体,是指监察机关调查的职务犯罪案件都参照《刑事诉讼法》的规定,与刑事诉讼的取证规范、证据规则和证明标准并无二致。如果《监察法》关于证据规定有不详尽之处,一律参照《刑事诉讼法》。如果《监察法》关于证据规定的要求高于《刑事诉讼法》的,就高不就低,参照《监察法》规定执行。[1]第二种观点认为,《监察法》和《刑事诉讼法》在证据上目前并非一体,但从应然角度来看,两者应当是一体的。有学者认为,《监察法》与《刑事诉讼法》对侦查措施的规定并不完全一致。[2]第三种观点认为,至少部分《刑事诉讼法》的证据规则,如排除规则,目前并没有明确确定适用于监察证据。[3]笔者认同第一种观点,认为就证据制度而言,监察证据与刑事诉讼证据具有一体性。这种一体性的原因和体现如下:

(一)监察证据与刑事诉讼证据维持"一体性"的原因

(1)这是维持刑事诉讼程序顺利进行的必然要求。虽然监察委员会的调查程序和起诉、审判程序受到不同法律的规制,但从时间上看,监察委员会收集的证据必然要进入起诉、审判程序。只有证据制度相一致,监察调查程序才能和起诉、审判程序顺利衔接,避免证据在后续程序中无法使用或者遇到证据转化的麻烦。

---

[1] 李勇:"《监察法》与《刑事诉讼法》衔接问题研究——'程序二元、证据一体'理论模型之提出",载《证据科学》2018 年第 5 期,第 567~569 页。
[2] 纵博:"监察体制改革中的证据制度问题探讨",载《法学》2018 年第 2 期,第 119 页。
[3] 程雷:"刑事诉讼法与监察法的衔接难题与破解之道",载《中国法学》2019 年第 2 期,第 178 页。

监察机关收集的证据能够在刑事诉讼中作为证据使用的需要。如上文所述,传统法理认为,凡是达不到刑事诉讼取证要求和标准的证据,如行政机关获取的行政证据,除了实物证据外,不得直接在刑事诉讼中使用。这是规范刑事诉讼证据标准,保障刑事案件认定准确性的必然要求。如今《监察法》规定监察证据能够在刑事诉讼中使用,这就注定要求监察证据必须符合《刑事诉讼法》的要求和标准。

(2) 这是贯彻"以审判为中心"要求的必然要求。以审判为中心,要求"确保侦查、审查起诉案件事实经得起法律的检验",重要的措施之一,是侦查、审查起诉阶段收集、固定、审查、运用证据,要与审判关于证据的要求相一致。当前监察机关的地位居于优势地位,尤其需要在证据制度上强调这一点。[1]

(二) 监察证据与刑事诉讼证据维持"一体性"的方式

《监察法》第33条第2款规定:"监察机关在收集、固定、审查、运用证据时,应当与刑事审判关于证据的要求和标准相一致。"如何才能确保监察机关调查取得的证据符合刑事诉讼证据标准?中央纪委研究室认为,监察机关应当依照法定程序,参照《刑事诉讼法》对证据形式要件和实质要件的要求,全面、客观地收集被调查人有无违法犯罪以及情节轻重的证据,包括物证、书证、证人证言、被调查人供述和辩解、视听资料、电子证据等证据材料。收集、固定、审查、运用证据时,应当与刑事审判关于证据的要求和标准相一致。

从《监察法》第33条第2款规定来看,《刑事诉讼法》、最高人民法院的司法解释以及其他对刑事审判中证据的要求和标准进行规定的规范性文件都对监察机关的调查取证活动具有约束作用。在此基础上,由于《监察法》及相关解释仍存在与《刑事诉讼法》及相关解释的不同之处,因此需要对二者进行区分处理。

第一种情况下,刑事审判关于证据的要求和标准有规定,《监察法》没有规定,由于前者已成为《监察法》的组成部分,法院可以根据刑事审判的要求进行证据审查。

---

[1] 朱孝清:"刑事诉讼法与监察法衔接中的若干争议问题",载《中国刑事法杂志》2021年第1期,第7页。

第二种情况下,刑事审判关于证据的要求和标准不太明确,《监察法》的调查取证规范和《刑事诉讼法》的侦查取证规范规定又不一致。这时,如果《监察法》规定的标准比刑事审判的要求高,则就高不就低。如果刑事审判规定的标准比《监察法》的标准高,则其于《监察法》第33条第2款规定的监察证据"应当与刑事审判关于证据的要求和标准相一致"的要求,参照刑事审判的要求。[1]

(三) 监察证据的非法证据排除

《监察法》第33条第3款规定:"以非法方法收集的证据应当依法予以排除,不得作为案件处置的依据。"前述规定标志着在监察机关办案中确立非法证据排除规则已经获得立法层面的认可。但这一规定过于模糊,导致不同学者有不同的解读。从司法实践来看,普通刑事证据被区分为非法言词证据和非法实物证据两类,并建立了差异化的排除标准。对于非法言词证据,主要采取强制性排除模式,基本进行一刀切式的排除。而对于非法取得的物证,则需要司法人员根据具体的情形加以判断,一般可以通过补正或者解释来决定是否采纳。[2]汪海燕教授认为,《监察法》第33条第3款非法监察证据的排除规定过于原则化,相较于刑事审判的要求不够丰富,且缺乏操作性,所以应当参照刑事审判关于非法证据排除的规定。[3]

当刑事审判和《监察法》规定的标准一致时,非法证据排除的标准也是一致的。比如《刑事诉讼法》规定,以刑讯逼供、威胁、引诱、欺骗等非法方法收集的犯罪嫌疑人、被告人供述,应当予以排除。《监察法》第40条第2款规定:"严禁以威胁、引诱、欺骗及其他非法方式收集证据,严禁侮辱、打骂、虐待、体罚或者变相体罚被调查人和涉案人员。"根据前述规定,以虐待、体罚、威胁或者刑讯逼供等方法收集的被调查人供述,应当被视作非法证据,予以排除。

当刑事审判的规定较为明确,而《监察法》的规定模糊时,参照刑事审

---

[1] 艾明:"监察调查证据在刑事诉讼中使用的规范分析",载《暨南学报(哲学社会科学版)》2019年第10期,第36页。

[2] 姚莉:"《监察法》第33条之法教义学解释——以法法衔接为中心",载《法学》2021年第1期,第73页。

[3] 汪海燕:"审判中心与监察体制改革——以证据制度为视角",载《新疆社会科学》2018年第3期,第16页。

判的要求。比如 2017 年最高人民法院、最高人民检察院、公安部、国家安全部、司法部印发的《关于办理刑事案件严格排除非法证据若干问题的规定》第 5 条规定，采用刑讯逼供方法获得犯罪嫌疑人、被告人有罪供述后，犯罪嫌疑人、被告人受该刑讯逼供行为影响而作出与该供述相同的重复性供述，应当一并排除。而《监察法》对于重复性供述是否排除并未作出明确规定。在这种情况下，重复性供述的排除与否，参照刑事审判的要求。

当刑事审判的要求高于《监察法》的规定时，由于《监察法》第 33 条第 2 款规定的监察证据"应当与刑事审判关于证据的要求和标准相一致"，所以应参照刑事审判的要求。比如，《刑事诉讼法》要求只有在立案后方可采取技术侦查措施，在立案前进行技术侦查收集的证据，应当作为非法证据被排除。而《监察法》并未明确规定技术调查须在立案程序后才可采取。此时，应当参照刑事审判的要求，将在立案前通过技术调查措施收集的证据视作非法证据予以排除。

当《监察法》的要求高于刑事审判的要求时，参照《监察法》的规定执行。如《监察法》第 41 条规定，调查人员在进行搜查、查封和扣押时，应当全程录音录像。而《刑事诉讼法》并未要求侦查人员对搜查、查封和扣押过程进行同步录音录像。这种情况下，如果调查人员在搜查、扣押和查封时并未同步录音录像，而法官对取得的相关物证来源又存有疑问，应当将相关证据作为非法证据予以排除。

二、检察机关提前介入的衔接

2018 年《国家监察委员会与最高人民检察院办理职务犯罪案件工作衔接办法》（以下简称《衔接办法》）第 12、13 条规定，国家监察委员会办理的重大、疑难、复杂案件在进入案件审理阶段后，可以书面商请最高人民检察院派员介入。最高人民检察院在收到提前介入书面通知后，应当及时指派检察官带队介入并成立工作小组。2019 年《人民检察院刑事诉讼规则》第 256 条第 2 款规定："经监察机关商请，人民检察院可以派员介入监察机关办理的职务犯罪案件。"前述规定赋予了检察机关提前介入职务犯罪案件调查程序的权力。

我国的一般犯罪刑事诉讼程序分为立案、侦查、起诉、审判、执行五个独立程序，一般来说，公安机关负责侦查、检察机关负责起诉、法院负责审判,各机关分工负责,检察院并不实质性介入侦查程序。在职务犯罪案件中,虽然调查取代了侦查,但调查程序同样独立于起诉程序。各程序间相互独立,符合现代刑事诉讼分工细化、互相制约的理念。

当前检察机关提前介入权力的确立,引发了不小的争议。有学者提出了以下几方面的反对意见:其一,检察机关提前介入不符合监察法学的基本原理。检察机关与监察机关之间的关系,与检察机关与侦查机关之间的关系不同,不能套用检察机关提前介入侦查程序的理论。在监察法学理论上,监察机关并非刑事诉讼主体,监察调查并非刑事侦查,留置并非强制措施,检察机关也无权对监察机关开展法律监督。其二,存在"越俎代庖"的嫌疑。监察机关移送审查起诉是检察机关接手案件的时间节点,在此之前插手监察调查工作就会超越自身的权限,模糊监察与司法的边界。其三,提前介入有"联合办案"的嫌疑。根据刑事诉讼程序推进的规律,从调查起诉再到审判,往往是认识不断深化的过程。之所以后面的阶段能够发现前一阶段的错误,并不是因为后一个阶段的工作人员业务水平更高,而是案件信息量增加形成了办案人员的视角差异。所以,"审查起诉"构成了一种纠错机制,这也是倡导"互相制约"的重要原因。而检察机关的提前介入容易弱化监检之间的相互制约,使监检双方私下达成共识辩护人在审查起诉阶段提出的辩护意见不受到重视,从而使之后审查起诉阶段的纠错机制失灵。其四,提前介入可能有"书面审查"的隐忧。检察官提前介入监察调查程序,更可能是以一种阅读书面卷宗和听取监察官汇报的方式进行,这种书面审查方式不够全面,容易产生偏听偏信的意见。[1]

更多学者对检察机关提前介入的规范和实践进行了解释和调研,试图提出更规范可取的建议。有学者认为,在监察体制改革之前,提前介入模式就普遍存在于检察机关和纪检监察机关的合作关系中。在"提前介入模式"之下,先是由纪检监察机关对违纪对象采取"两规"措施,其后由证据收集处理意识较强的检察机关介入其中,为后续的程序衔接打下基础。但这种合作的规范性和制度化程度不高,表现在协作意识、介入程度以及协作深度等方面。因缺乏明确规定和统一操作规范,各地检察机关介入的工作内容和深度

---

[1] 封利强:"检察机关提前介入监察调查之检讨——兼论完善监检衔接机制的另一种思路",载《浙江社会科学》2020年第9期,第42页。

有所差异。有的地方检察机关过多地介入监察机关案件办理之中,过多的"亲历性"使得检察权有侵入监察权之嫌。有的检察机关介入不足,又使得后续的监督和指导难以发挥作用。[1]

检察机关提前介入,首先要解决的一个问题是介入案件范围的问题。监察机关和检察机关职责的牵连性以及两者人员的天然亲密性使得司法实践中检察机关提前介入的适用率非常高。[2]从目前检察机关的办案实践来看,有的遵循刑期介入标准(如可能判处10年以上刑罚),有的遵循案件影响力标准(如犯罪行为恶劣或者影响力大),有的遵循证据收集难易程度标准。总体来看,如果将证据收集难易程度作为介入标准,可能会导致实践中监察机关商请检察院提前介入的范围过大。传统的可能判处刑罚以及案件影响力标准,更能从实质上控制检察院提前介入的范围。

检察机关提前介入,还要解决一个时间选择的问题。根据《衔接办法》的规定,介入时间应当在"进入案件审理阶段后"。一般来说,这一时间节点指经过调查部门的调查,确定了"犯罪事实清楚、证据确实充分,需要追究刑事责任",且履行了相关手续后,检察机关方能够介入其中。但是,各地并未严格按照这一规定执行。比如,上海市检察机关将介入的时间提前到监察调查阶段,北京市检察机关将介入时间提前至监察机关案件初核阶段,而深圳市将检察机关提前介入时间界定为正式移送审查起诉前,这就给了检察机关提前介入最宽松的时间选择权。[3]总体来说,检察机关提前介入的目的在于对重大、疑难、复杂案件的监察调查进行引导、协助和建议,保障检察机关提前介入的效果,如果在时间上进行过于严苛的立法制约的话,会让这种机制失去生命力。因此,《衔接办法》规定的介入时间其实已属严格,未来宜适当放宽要求。

最后是检察机关提前介入的职能定位问题。检察机关提前介入,既是检察机关发挥引导乃至法律监督作用的重要方式,也是检察机关协助贯彻"严厉打击腐败"政策的具体体现。一般来说,检察机关提前介入,一方面是发

---

[1] 虞浔:"职务犯罪案件中监检衔接的主要障碍及其疏解",载《政治与法律》2021年第2期,第152页。

[2] 吕晓刚:"监察调查提前介入实践完善研究",载《法学杂志》2020年第1期,第50页。

[3] 虞浔:"职务犯罪案件中监检衔接的主要障碍及其疏解",载《政治与法律》2021年第2期,第152页。

挥引导作用，通过自身的证据运用优势以及法律专业素养来引导监察机关收集、固定和审查证据；另一方面是发挥法律监督职能，对监察调查程序进行应有的法律监督。从实践情况来看，"引导"作用的发挥超过了"监督"作用。检察机关提前介入更多是引导调查取证，提高调查效率，减少后续补充调查情形的出现。

三、立案程序的监检衔接

监察机关调查完毕，将案件移送到检察机关审查起诉，检察机关是否需要再行立案？关于立案程序的衔接问题，仍存在一定的分歧。

从部分地区实践以及部分学者观点来看，检察机关需要立案后再行审查起诉的观点仍有支持者。这一观点认为，监察机关把调查终结的职务犯罪案件移送检察机关后，检察机关应当办理立案手续。在部分地区，检察机关仍然采用这种做法。有学者认为，立案程序是刑事诉讼程序的起点，也是确定犯罪嫌疑人身份的起点。刑事案件只有通过立案，才能启动刑事诉讼，才能采取强制措施。即使是刑事自诉案件，法院在审查后认为符合受理条件的，也应当办理立案手续。检察机关如不就监察机关移送的案件办理立案手续，就无法确定审查起诉的对象，"被调查人"也不会自动转化为"犯罪嫌疑人"，也不能采取刑事强制措施。[1]

但从目前规定来看，检察院在审查起诉后，无须再进行立案。《监察法》第45条第1款第4项规定："对涉嫌职务犯罪的，监察机关经调查认为犯罪事实清楚，证据确实、充分的，制作起诉意见书，连同案卷材料、证据一并移送人民检察院依法审查、提起公诉。"中纪委和国家监察委员会法规室编写的《〈中华人民共和国监察法〉释义》明确表示，对于监察机关移送的案件，应当由检察机关作为公诉机关直接依法审查、提起公诉……不需要检察机关再进行立案。[2]

之所以产生诸多争议，更多是因为立案程序在我国刑事诉讼中具有独特

---

[1] 程雷："刑事诉讼法与监察法的衔接难题与破解之道"，载《中国法学》2019年第2期，第170页。

[2] 中共中央纪律检查委员会、中华人民共和国国家监察委员会法规室编写：《〈中华人民共和国监察法〉释义》，中国方正出版社2018年版，第207页。

的地位。其一,立案具有限制强制措施任意发动的功能。国外的刑事强制性措施,多通过令状主义的形式进行限制,即通过法院签发令状的方式限制刑事强制措施的适用。而在我国刑事诉讼中,除了逮捕措施,大部分强制措施的适用都缺乏法院的审核和控制。不论是限制人身自由的强制措施,还是其他限制公民隐私权的技术侦查措施,一般都由侦查等办案机关内部审批,缺乏外部监督和制约。有学者认为,我国刑事诉讼法并没有采用强制侦查法定原则和令状主义,而赋予侦查机关强大的侦查尤其是强制侦查权限,仅仅以立案程序作为约束,通过前置性的立案程序过滤案件,提高刑事案件准入门槛,抑制侦查权的发动。[1]其二,立案程序在监检衔接中意味着被调查人权利保障的正式转换。被调查人在被监察委员会采取留置措施期间,是无权会见辩护律师的。而监察委员会调查结束移送检察机关审查起诉时,在留置措施和检察机关的逮捕措施之间常常存在一个"先行拘留"期间,持续时间长达两周左右,不计入审查起诉期限。在嫌疑人被"先行拘留"期间,是否允许会见辩护律师,存在争议,理由就是"先行拘留"期间不属于典型的监察调查已经正式转换到审查起诉的期间。如果在"先行拘留"措施采取之前,检察院已经再行立案,则"先行拘留"所属诉讼阶段将十分明确,即属于审查起诉期间。由于"先行拘留"的刑事强制措施性质,被拘留人将有权在"先行拘留"期间会见辩护律师,获得法律帮助。[2]

  针对前述问题,学者们提出了不同的观点。有的学者主张改革监察委员会的立案制度,但不再要求检察院在审查起诉时再次立案。这种观点认为,应当对涉嫌职务违法立案和涉嫌职务犯罪立案加以区分;若认为被调查人涉嫌违法,需要追究一般法律责任时,以职务违法为由进行立案;若认为被调查人涉嫌职务犯罪的,以涉嫌犯罪立案,不再进行一般的职务违法立案。如果在监察委员会调查早期就认为被调查人涉嫌的已经是犯罪行为,就不必再作涉嫌职务违法立案。如果监察委员会在调查开始时只发现违法未发现犯罪,则先以违法立案,发现犯罪后再以犯罪立案。前述方案一方面意在统一监察立案和检察立案的标准,另一方面也是为了提高职务犯罪调查立案的标

---

[1] 龙宗智:"取证主体合法性若干问题",载《法学研究》2007年第3期,第133页。
[2] 董坤:"法规范视野下监察与司法程序衔接机制——以《刑事诉讼法》第170条切入",载《国家检察官学院学报》2019年第6期,第132页。

准。[1]

  还有一种观点强调检察机关仍然应当立案，但是可以简化立案程序。这种观点认为，鉴于监察机关移送案件和刑事立案两者标准存在前高后低的矛盾，检察院的立案程序如果对监察案件继续进行实质性的立案审查，既有程序重复的嫌疑，也会违背当前的法律规定。但是，不进行实质性审查式的立案，仍然可以进行"形式立案"。这里的"形式立案"与人民法院受理自诉案件时的立案相似。根据最高人民法院的规定，法院对于自诉案件，应当在 15 日内审查完毕，认为符合受理条件的，应当决定立案。《衔接办法》也规定了案件受理条件和程序，最高人民检察院案件管理部门认为具备受理条件的，应当及时进行登记，并立即将案卷材料移送公诉部门办理；认为不具备受理条件的，应当要求监察委员会相关部门补送相关材料。这里的"案件受理"程序，即可以解释成一种"形式立案"。[2]在有些没有立案程序的国家，也设有与前述受理案件程序相似的程序，作为刑事诉讼程序的起点。《意大利刑事诉讼法》第 335 条规定了"犯罪信息登记"程序，即公诉人对一切向他提出的报案、报告或其主动获取的犯罪消息应当立即保存在办公室中的专门登记簿上。[3]德国的刑事诉讼程序没有设置类似立案的程序起点，但大多数案件中都有警察日志或者档案，以记录侦查的启动和理由。[4]日本和法国也设有类似的案件批准、登记制度，作为刑事诉讼程序的标准和记录。[5]由此，我国可淡化传统的立案程序，参考前述几个国家的简易立案程序，在未来的规范性文件中设置起诉案件必要的案件受理程序，建立一种"形式立案"的制度。

  目前立案程序的监检衔接中，主要的三种观点即如前所述：第一种观点主张依照最新的规定，监察机关需要立案，检察机关在审查起诉时无需再行

---

  [1] 朱孝清："刑事诉讼法与监察法衔接中的若干争议问题"，载《中国刑事法杂志》2021 年第 1 期，第 7 页。

  [2] 董坤："法规范视野下监察与司法程序衔接机制——以《刑事诉讼法》第 170 条切入"，载《国家检察官学院学报》2019 年第 6 期，第 133 页。

  [3] 黄风译：《意大利刑事诉讼法典》，中国政法大学出版社 1994 年版，第 119 页。

  [4] [德]托马斯·魏根特：《德国刑事诉讼程序》，岳礼玲、温小洁译，中国政法大学出版社 2004 年版，第 90 页。

  [5] 陈光中主编：《刑事诉讼法》（第 6 版），北京大学出版社、高等教育出版社 2016 年版，第 275 页。

立案。第二种观点认为监察机关需要进行正式的立案，而检察机关仍然应当建立一种简化的受理案件程序，对监察案件进行是否立案的形式性审查，最终设想是建立一种"形式立案"程序。第三种观点认为监察机关应当区分违法立案和犯罪立案，在正式展开犯罪调查前，应当遵循更严格的犯罪立案程序，之后检察机关在审查起诉时无需再进行立案程序。

第一种观点，对于当前立案程序上监检衔接中仍然存在的问题没有进行应有的回应，是一种比较消极的解决方案。第三种观点有许多学者早就提起过，但监察实务界认为难以操作，因为监察调查过程中，对于被调查人违法还是犯罪性质的认识，没有一个清晰的时间界限。监察委员会在违法立案之后，很难在发现被调查人涉嫌犯罪时立刻切换到犯罪立案程序上去。第二种观点目前来看反而是实务操作上阻力最小，也最能够解决问题的方案。

四、强制措施的监检衔接

《监察法》第 22 条规定，被调查人涉嫌贪污贿赂、失职渎职等严重职务违法或者职务犯罪，监察机关已经掌握其部分违法犯罪事实及证据，仍有重要问题需要进一步调查，并满足一定条件的，经监察机关依法审批，可以将其留置在特定场所。《刑事诉讼法》第 170 条规定，对于监察机关移送起诉的已采取留置措施的案件，人民检察院应当对嫌疑人先行拘留，留置措施自动解除。人民检察院应当在拘留后的 10 日内作出是否逮捕、取保候审或者监视居住的决定。根据前述规定，在强制措施的监检衔接中，出现了一个新的过渡性强制措施即"先行拘留"，这一措施是过去《刑事诉讼法》中所没有的。"先行拘留"措施正式被规定之后，其性质、地位、功能和执行方式出现了多种解读意见。

总体而言，有四种观点。[1]第一种是"径行拘留说"。这种观点认为，留置权是监察权的实现方式，是限制被调查人人身自由的新型权力。检察机关的审查起诉权是宪法赋予其法律监督权中的重要内容。因此，检察机关的"先行拘留权"与传统的刑事"拘留权"并不相同，具有适用条件特殊性、适用阶段专门性、适用程序独立性的特点，宜另行称其为"径行拘留权"，

---

[1] 徐汉明、丰叶："检察机关'先行拘留权'属性、程序、效能之逻辑结构"，载《法学评论》2020 年第 6 期，第 8 页。

以与传统的刑事拘留权区别开来。[1]第二种是"诉讼效率说"。这种观点认为，嫌疑人被先行拘留后，留置措施自动解除，不必履行解除审批手续，这就显著提高了监察机关的工作效率，避免了检察院决定采取强制措施的期间占用监察机关的法定留职期间或占用法定审查起诉期间的问题，更能有效实现"法法衔接"。先行拘留措施系法定的临时过渡措施，目的就是将嫌疑人从监察调查程序转入刑事诉讼程序。[2]第三种观点是"审查逮捕替换说"。这种观点认为，对于公安机关办理刑事案件的检察监督，刑事诉讼程序设置了审查逮捕的诉讼程序和时效，以彰显检察机关的法律监督功能。但监察机关采取的可以长达6个月的留置措施，没有像公安机关有权采取的刑事拘留措施那样为检察机关的批准逮捕设置一定的审批时间（10日至14日），造成监察机关采取的留置措施和检察机关采取的逮捕措施之间不能自动衔接。因此，检察机关对监察机关移送的职务犯罪被调查人可适用"先行拘留"措施，以替换传统刑事拘留措施为检察院预留的审查逮捕期间。[3]第四种观点，可称为"制约手段说"。这种观点认为，监察机关适用监察调查程序确认被调查人犯罪事实清楚、证据确实、充分的，经过先行拘留的转换程序，才能适用逮捕、监视居住等传统刑事强制措施，使涉嫌职务犯罪的案件导入审查起诉程序，因而检察机关行使先行拘留权发挥了对监察调查程序的制约作用，二者属于制约与被制约的关系。[4]

事实上，在监察体制改革试点的早期，各试点地区就强制措施的监检衔接探索了三种不同的模式：第一种是提前介入模式。在这种模式下，监察机关调查完毕认为应当移送审查起诉的，应在留置期满10日前通知检察机关提前介入，检察机关在10日内决定在审查起诉阶段是否应当逮捕，或者采取其他强制措施。这套程序的优势在于实现强制措施的无缝衔接，无须创设

---

[1] 薛向楠："中国刑事拘留制度的发展轨迹与完善路径（1954-2018）"，载《中国政法大学学报》2019年第3期，第170页。

[2] 李争春："如何理解《规则》规定的涉嫌职务犯罪案件移送司法机关的要求？精准把握移送程序 确保案件衔接规范"，载《中国纪检监察》2019年第11期，第54页。

[3] 卞建林："配合与制约：监察调查与刑事诉讼的衔接"，载《法商研究》2019年第1期，第15页。

[4] 顾永忠："公职人员职务犯罪追诉程序的重大变革、创新与完善——以《监察法》和《刑事诉讼法》的有关规定为背景"，载《法治研究》2019年第1期，第17页。

新的过渡性的强制措施来解决衔接问题。但问题也很明显,检察机关的提前介入会使得监察调查程序和审查起诉程序产生混淆,损害了两个程序的独立性。第二种模式是事前审批模式。在这种模式下,监察机关先申请检察机关采取强制措施(如提请逮捕),在检察机关批准采取强制措施后,再移送审查起诉。这种模式的好处和第一种模式相似,同时避免了第一种模式中检察机关提前介入导致的调查和起诉程序混淆问题。但是,这种模式也存在明显的问题,即监察委员会留置期间的办案时间被压缩,监察机关的申请批捕和检察机关的同意逮捕也存在一定程度上的司法越界嫌疑。第三种模式,就是当前采取的立法创设"先行拘留权"模式,在留置和逮捕之前设立一个先行拘留措施,作为衔接调查和起诉程序的过渡性强制措施。这种模式的立法成本更高,对于"先行拘留权"的解释和适用存在许多模糊地带,但避免了监察调查和审查起诉程序之间的混淆,也不占用监察机关的留置调查时间。[1]

监检衔接中的"先行拘留"与普通的"拘留"之间的异同,同样存在争议。《刑事诉讼法》第170条规定了监检衔接中的"先行拘留"权,拘留目的是将犯罪嫌疑人从监察调查程序转入刑事诉讼程序,适用于监察机关移送的已经被采取留置措施的犯罪嫌疑人。[2]《刑事诉讼法》第82条还规定了普通刑事拘留,即公安机关对于现行犯或者重大嫌疑分子,如果有下列情形之一的,可以先行拘留:"(一)正在预备犯罪、实行犯罪或者在犯罪后即时被发觉的;(二)被害人或者在场亲眼看见的人指认他犯罪的;(三)在身边或者住处发现有犯罪证据的;(四)犯罪后企图自杀、逃跑或者在逃的;(五)有毁灭、伪造证据或者串供可能的;(六)不讲真实姓名、住址,身份不明的;(七)有流窜作案、多次作案、结伙作案重大嫌疑的。"主流的观点是,这两种拘留的性质和作用是极为不同的。首先是适用对象不同。第170条规定的先行拘留针对的是已被采取留置措施,后被监察机关移送审查起诉的犯罪嫌疑人;第82条规定针对的是现行犯或重大嫌疑分子,对犯罪类别和性质并无具体要求。其次是适用阶段不同。第170条规定的先行拘留适用的阶段为监察调查结束,准备进入审查起诉阶段的特殊时期;第82条规定的拘留

---

[1] 董坤:"法规范视野下监察与司法程序衔接机制——以《刑事诉讼法》第170条切入",载《国家检察官学院学报》2019年第6期,第134页。

[2] 王爱立、雷建斌主编:《刑事诉讼法立法精解》,中国检察出版社2019年版,第293页。

则适用于侦查阶段。再次是决定主体不同。第 170 条规定的先行拘留的决定机关是检察机关；第 82 条规定的拘留的决定主体多为公安机关，少数情况下为检察机关。第 170 条的拘留和第 82 条的拘留都属于剥夺嫌疑人人身自由的强制措施，但是对象、条件、阶段和适用主体都不同，在法律上需要区别对待。[1]

与第 170 条和第 82 条分设拘留相似的规定，还有《刑事诉讼法》设置的两种类型逮捕。第一种逮捕被规定于《刑事诉讼法》第 81 条第 1 款，适用条件非常严格，一般必须同时符合三个要件，即证据要件、罪刑要件和社会危险性要件，属于常规状态下的逮捕措施。第二种逮捕被规定于《刑事诉讼法》第 81 条第 4 款，这种逮捕仅适用于违反取保候审、监视居住规定，情节严重的嫌疑人、被告人。第二种逮捕的适用条件较为特殊，无须满足第一种逮捕所设置的三种严格要件。对于被取保候审或者监视居住的嫌疑人，如果不遵守相关规定，有脱逃或者毁灭证据等行为的，但又不满足第一种逮捕的适用条件，就有可能面临无合适强制措施可以进行约束的困境。因此，《刑事诉讼法》设置了第二种逮捕，来对这类特殊人员进行强制措施的升格处理，防止其阻碍调查，保证其及时参与刑事诉讼程序。第十二届全国人大常委会第八次会议于 2014 年 4 月专门通过了《关于〈中华人民共和国刑事诉讼法〉第七十九条第三款的解释》（现《刑事诉讼法》第 81 条第 4 款），明确了"被取保候审、监视居住的犯罪嫌疑人、被告人违反取保候审、监视居住规定，严重影响诉讼活动正常进行，可以予以逮捕的规定，既适用于可能判处徒刑以上刑罚被取保候审、监视居住的犯罪嫌疑人、被告人，也适用于可能判处徒刑以下刑罚被取保候审、监视居住的犯罪嫌疑人、被告人"。[2]《刑事诉讼法》设置了适用条件存在诸多差别的两种逮捕措施来解决强制措施转换中的难题，这种立法思维被沿用到了后续的拘留措施上。

监检衔接中将先行拘留作为过渡性的强制措施，还存在一个争议性的问题，即这种先行拘留的适用标准问题。能否默认被留置的嫌疑人一定要达到

---

[1] 董坤："法规范视野下监察与司法程序衔接机制——以《刑事诉讼法》第 170 条切入"，载《国家检察官学院学报》2019 年第 6 期，第 135 页。

[2] 王爱立、雷建斌主编：《刑事诉讼法立法精解》，中国检察出版社 2019 年版，第 154~155 页。

审查起诉程序中的先行拘留标准？虽然实践中多进行如此操作，但法理上仍存在争议。有学者认为，《刑事诉讼法》第 82 条规定的一般拘留，其适用对象为现行犯或者重大嫌疑分子，外加蕴含的一定证据标准，可以说适用标准是比较高的。[1]因此，该学者认为，不能推定监察委员会移送审查起诉的案件一定符合拘留条件，可以先行拘留。[2]笔者对此持不同看法。根据《监察法》第 22 条的规定，留置措施的适用条件是被调查人涉嫌严重职务违法或犯罪、监察机关已经掌握部分犯罪证据，以及满足几种条件之一，包括案情重大复杂、可能逃跑自杀、可能串供毁灭证据、可能妨碍调查。而适用留置措施又移送到检察机关审查起诉的，又排除了单纯职务违法的可能性，一定是涉嫌严重职务犯罪。这种情况下，被留置且被移送审查起诉的嫌疑人，其基本是满足一般刑事拘留条件的。因此，至少留置后被移送审查起诉的嫌疑人，从适用标准上来看被适用先行拘留措施并无问题，但程序上仍然应当设置检察机关的形式审查和决定采取先行拘留的程序，以在程序上实现衔接的规范化。

先行拘留措施转换到逮捕、取保候审还是监视居住，也存在争议。《刑事诉讼法》第 170 条规定，对于监察机关移送起诉的被留置嫌疑人，人民检察院应当采取先行拘留措施，并在拘留后的 10 日以内作出是否逮捕、取保候审或者监视居住的决定。从法律规定的情况看，默认留置措施在审查起诉期间的正式转换措施为 5 种刑事强制措施中的 3 种，即逮捕、取保候审或监视居住。根据《监察法》第 22 条的规定，留置措施的适用条件是被调查人涉嫌严重职务违法或犯罪、监察机关已经掌握部分犯罪证据，以及满足几种条件之一，包括案情重大复杂、可能逃跑自杀、可能串供毁灭证据、可能妨碍调查。而适用留置措施又移送到检察机关审查起诉的，又排除了单纯职务违法的可能性，一定是涉嫌严重职务犯罪。从留置措施的适用条件来看，其与《刑事诉讼法》规定的 5 种强制措施中的逮捕措施适用条件最为接近。从《刑事诉讼法》第 170 条规定的 3 种转换性强制措施的顺序来看，逮捕措施同样排在最前。从实务运行状况来看，留置措施在审查起诉阶段转化为逮捕

---

[1] 谢小剑：”论我国刑事拘留的紧急性要件"，载《现代法学》2016 年第 4 期，第 110 页。
[2] 谢小剑：”监察调查与刑事诉讼程序衔接的法教义学分析"，载《法学》2019 年第 9 期，第 73 页。

措施的，比例也最高。但是，被留置人在审查起诉阶段并不必然满足逮捕条件，比如有些嫌疑人被留置调查后，发现罪行较轻可以判处缓刑等非监禁刑的，后续就不满足逮捕的适用条件。又有一些嫌疑人在被留置后发现患有严重疾病或者生活无法自理等，留置场所由于生活条件较好，尚能正常生活，到了生活条件远不如留置场所的看守所，就出现了难以预测的风险，此时也不适合适用逮捕措施。如果被留置人在移送审查起诉后的先行拘留期间，确实不满足逮捕条件或者没有必要适用逮捕措施，可以转为取保候审或者监视居住。

被留置的嫌疑人移送审查起诉，在被先行拘留后，能否直接解除强制措施恢复自由，不适用逮捕、取保候审或者监视居住的措施？《刑事诉讼法》第170条规定，对于监察机关移送起诉的被留置嫌疑人，人民检察院应当采取先行拘留措施，并在拘留后的10日以内作出是否逮捕、取保候审或者监视居住的决定。从法律规定来看，有学者认为应当解读为留置措施必须转化为逮捕、取保候审或者监视居住措施中的任意一种，对这一规定提出了反对意见。该学者认为，刑事强制措施的功能主要有程序保障和社会防卫两个方面。程序保障的功能主要指防止逃避侦查，防止自杀、逃跑，以及保证参与刑事诉讼程序。社会防卫功能，主要指防止嫌疑人继续犯下新的罪行。如果在具体审查案情后，检察人员认为无需对嫌疑人采取刑事强制措施，也可以实现前述目标，那么适用刑事强制措施就是没有必要的。虽然实践中已被采取留置措施的嫌疑人，属于前述情况的比例很小，但确实是存在的。因此，该学者建议未来应当在相关司法解释和规范性文件中明确，对先前留置的嫌疑人可以不进行任何人身自由权利的干预，不采取任何强制措施。这样便于办案人员适时把握、准确操作，也符合现代刑事诉讼的必要性原则。[1] 笔者认为，这种认为在缺乏必要性的情况下，应当不适用任何刑事强制措施的观点是正确和科学的。但是，前述观点对法条的解释并不全面。《刑事诉讼法》第170条规定人民检察机关应"在拘留后的十日以内作出是否逮捕、取保候审或者监视居住的决定"，可以解释为，如果检察机关在先行拘留后的10日内经审查后，对采取逮捕、取保候审或者监视居住措施都作出了否定性决定

---

[1] 董坤："法规范视野下监察与司法程序衔接机制——以《刑事诉讼法》第170条切入"，载《国家检察官学院学报》2019年第6期，第137页。

的话,可以 3 种措施都不采取,也即不采取任何刑事强制措施。

对于监察案件移送审查起诉后,被留置人是否应当立即从留置场所转押到先行拘留的执行场所看守所,法律并没有进行具体规定。《监察法(草案)》曾明确要求移送审查起诉时一并移交被留置人,但正式出台的《监察法》删除了这项规定,给了实务部门一定的选择空间。但是从理论上说,监察机关移交审查起诉后,刑事诉讼程序的阶段已经转换,强制措施也转为受《刑事诉讼法》规制的先行拘留,此时刑事强制措施的适用地点应当一并切换到《刑事诉讼法》规定的地点,即看守所。被留置的嫌疑人移送审查起诉后,《监察法》对于嫌疑人已不再适用,显然也不适宜被继续羁押在监察机关的专门办案场所。此外,被调查人脱离调查阶段的专门羁押场所,进入一个更为中立的羁押场所,也更有利于检察机关进行是否适用强制措施以及适用何种强制措施的审查。[1]《监察法》第 4 条规定了监察机关办理职务违法和职务犯罪案件,应当与审判机关、检察机关、执法部门互相配合,互相制约。随着审查起诉阶段的启动,被羁押人的移送和换押受到检察机关实实在在的制约。

除了限制人身自由的强制措施外,限制出境措施的强制性措施,在进入审查起诉后,缺乏对应的强制措施进行衔接。在《刑事诉讼法》规定的 5 种强制措施中,拘留和逮捕完全剥夺了嫌疑人的人身自由。监视居住将嫌疑人的活动范围限制在住所内。取保候审措施将嫌疑人的人身自由限制在所居住的市县,并且可以附加上交旅行证件和驾驶证等条件,是较为适宜衔接的强制性措施。为此,宜将取保候审作为调查阶段限制出境措施的衔接措施。

五、退回补充调查的监检衔接

《刑事诉讼法》第 170 条第 1 款规定:"人民检察院对于监察机关移送起诉的案件,依照本法和监察法的有关规定进行审查。人民检察院经审查,认为需要补充核实的,应当退回监察机关补充调查,必要时可以自行补充侦查。"《刑事诉讼法》第 175 条规定,人民检察院审查案件,对于需要补充侦查的,可以退回公安机关补充侦查,也可以自行侦查。对于二次补充侦查的

---

[1] 谢小剑:"监察调查与刑事诉讼程序衔接的法教义学分析",载《法学》2019 年第 9 期,第 73 页。

案件，人民检察院仍然认为证据不足，不符合起诉条件的，应当作出不起诉的决定。退回补充调查和退回补充侦查属于调查（侦查）阶段与审查起诉阶段相衔接的程序中，程序回流的一种特殊衔接方式。

退回补充调查的原因，目前已有部分实证研究的成果。有学者统计了我国 4 个城市共计 189 起职务犯罪调查案件，发现其中退回补充调查共 8 次，涉及需要解决的问题有 23 项。退回补充调查的原因大致有：①事实不清或者证据不足的有 10 项，如需调取有关书证，包括基站信息、通话记录、银行流水、协议、收据、账册、入所体检报告等，又如需询问、讯问、鉴定、调取监控录像和行车记录仪、提取电子数据等；②可能遗漏罪行的有 4 项，退回补充调查后，监察委员会以调取书证、询问证人、讯问犯罪嫌疑人等方式补查；③可能遗漏同案犯的有 3 项，包括遗漏同案行贿犯罪嫌疑人、遗漏共同受贿犯罪嫌疑人、遗漏滥用职权罪同案犯；④重要量刑情节证据补查的有 3 项，涉及自首和立功，监察委员会开展补查取证；⑤退回补充调查提纲分别表述为"犯罪事实不清，请补充调查""请继续调查犯罪嫌疑人的受贿事实"和"请补查收集犯罪嫌疑人主观方面的证据"共 3 项，其中 2 项为了等待公安机关侦查终结移送一并起诉，1 项疑似"假退查""借时间"。[1]

对于退回补充调查和退回补充侦查时检察院是否可以自行补充调查（侦查），《刑事诉讼法》用了不同的语言表述。《刑事诉讼法》第 170 条规定，对于监察机关移送起诉的案件，人民检察院经审查，认为需要补充核实的，应当退回监察机关补充调查，必要时可以自行补充侦查。显然，立法者在此给出了导向性的建议，检察机关应当以退回补充调查为原则，自行补充调查为例外。《刑事诉讼法》第 175 条规定，人民检察院审查案件，对于需要补充侦查的，可以退回公安机关补充侦查，也可以自行侦查。对于公安机关移送审查起诉的案件，检察院可以选择退回补充侦查，也可以选择自行补充侦查，法律并没有规定仅在例外情况下检察院才可自行补充侦查。中纪委和国家监察委员会法规室编写的《〈中华人民共和国监察法〉释义》主张优先采取退回补充调查的方式，只有在特殊情况下才自行补充调查。之所以贯彻这一原则，是因为监察委员会办的案件特殊，政治性强，比较敏感。只有在特

---

[1] 陈小炜："监检关系视野下退回补充调查与自行补充侦查"，载《北方法学》2020 年第 6 期，第 105 页。

殊情况下,才可以补充调查,包括检察机关认为移送审查起诉的案件基本事实虽已查清,但言词证据个别情节不一致影响定罪量刑,或者实物证据需要补充鉴定等。〔1〕有学者认为该范围过窄,建议将"监察机关对退回补充调查提出异议,监察机关退而不调,监察机关先前调查活动存在违法取证情况,以及只需对个别证据进行调取的情况"纳入自行补充调查的范围。〔2〕退回补充调查的范围问题在实践中比较灵活,实务界争议更多的是退回补充调查和自行补充侦查的优先适用问题。有学者对几个市的检察官进行问卷调查,发现其中有18名检察官表示无法判断何者优先,有1名检察官认为理论上应优先适用退回补充调查,而实践中应优先适用自行补充侦查。〔3〕支持优先退回补充调查的检察官认为这种做法符合《监察法》和《刑事诉讼法》的立法规定,并且普通刑事案件也是优先退回补充侦查的,更何况监察调查的案件,退查也有利于补足证据和查清案情。主张优先适用自行补充侦查的检察人员认为,这种做法符合最高人民检察院明确要求加大自行补充侦查力度的政策导向,有利于检察院公正处理案件。实践中发现,检察机关的自行补充侦查在公安移送案件和监察移送案件中似乎出现了与立法意图不同的趋势。对于公安机关移送审查起诉的普通犯罪案件,检察官出于侦查能力和装备配备的考虑,基本选择退回公安机关补充侦查,而非选择自行补充侦查。〔4〕对于监察机关移送审查起诉的案件,有检察官认为在审查监察委员会管辖的职务犯罪案件过程中,如发现证据体系有欠缺应一律自行补充侦查,甚至有检察院明确要求前述类型案件原则上均应自行补充侦查,不得退回补充调查。〔5〕究其原因,很大程度上在于公安侦查和监察调查的技术、装备和措施

---

〔1〕 中共中央纪律检查委员会、中华人民共和国国家监察委员会法规室编写:《〈中华人民共和国监察法〉释义》,中国方正出版社2018年版,第215页。

〔2〕 叶青:"监察机关调查犯罪程序的流转与衔接",载《华东政法大学学报》2018年第3期,第18页。

〔3〕 陈小炜:"监检关系视野下退回补充调查与自行补充侦查",载《北方法学》2020年第6期,第106页。

〔4〕 陈小炜:"监检关系视野下退回补充调查与自行补充侦查",载《北方法学》2020年第6期,第106页。通过对4市检察官进行问卷调查,发现普通刑事案件退回补充侦查的比例在20%左右,竟无一名检察官选择自行补充侦查。

〔5〕 卞建林:"配合与制约:监察调查与刑事诉讼的衔接",载《法商研究》2019年第1期,第21页。

均有许多不同,检察院认为需要补充侦查的关键点也不同。对于普通犯罪,公安机关运用了大量现代装备或者秘密措施,涉及许多犯罪现场证据或者电子证据,检察机关在自行调取此类证据的手段上处于劣势,因此虽然《刑事诉讼法》强调检察院可自行选择是否自行补充侦查,检察官也并不倾向于自行补充侦查。但是对于监察机关移送的职务犯罪案件,一般不采取技术调查措施,主要证据为被告人供述和证人证言。如果检察机关认为存在遗漏犯罪行为的情况,或者对是否存在自首、立功等量刑情节存在疑问的,更适合自行讯问嫌疑人和询问证人,调取相关书证或者监控录像,查清检察官觉得存在疑惑的问题。因此,在《刑事诉讼法》明确规定检察机关自行补充侦查应当成为例外的监察案件中,检察机关反而更愿意自行补充侦查。

监察机关移送审查起诉后,检察机关对嫌疑人适用逮捕措施后,审查认为需要退回补充调查的,是否需要将羁押在看守所的嫌疑人换押至监察机关处,继续采取留置措施?关于这一问题,学界存在不同的观点。主流观点认为,检察机关开始审查起诉之后,即便启动了退回补充调查程序,也不会使诉讼阶段从审查起诉逆流回监察调查,因此嫌疑人不用换押至监察机关处适用留置措施。"退回补充调查并未改变案件已进入审查起诉阶段的事实,且无论从便利与效率方面考量,还是基于对被羁押人监管安全方面的考量,都没必要再重新恢复适用留置措施。"[1]有学者比照公安机关移送审查起诉后检察院退回补充侦查的情形提出了相似的意见。公安机关移送审查起诉的案件,检察院受理后进入审查起诉阶段,如果发现需要退回补充侦查的,可以退回补充侦查。按照《人民检察院刑事诉讼规则》第342条的规定,检察院提出书面的具体意见,同案卷材料一并退回公安机关补充侦查,但并不退回起诉意见书。当公安机关向检察机关提起并移送完起诉意见书后,案件即进入了审查起诉阶段,检察院只有作出起诉、不起诉的决定,或者允许公安机关将案件撤回,案件才会离开审查起诉阶段。如同检察院向法院移送起诉书提起公诉,法院受理后案件即进入审判阶段,只有检察院撤诉或者法院作出裁判才能消灭系属关系。换言之,审查起诉阶段的退回补充侦查,既不是检察院的起诉、不起诉决定,也不意味着公安机关从检察院撤回案件,虽然主

---

[1] 卞建林:"配合与制约:监察调查与刑事诉讼的衔接",载《法商研究》2019年第1期,第21页。

要案卷被退回,但案件与检察机关的系属关系仍然存在。[1]既然从法理上看案件仍然处于审查起诉阶段,自然不用对退回补充调查的嫌疑人适用监察调查阶段才适用的留置措施,而是仍然适用审查起诉阶段中的逮捕措施。但对于前述主流观点,也有学者提出了反对意见,其认为,退回补充调查时,案件程序回流至调查阶段。首先,这种观点认为《监察法》明确使用了"退回补充调查"的术语,其实已经表明了案件的程序从审查起诉阶段回到了调查阶段;其次,从公安机关收到退回补充侦查意见时的处理方式看,公安机关有权不再进行补充侦查,而直接选择不再移送审查起诉,由此也可以看出案件程序回到了公安侦查阶段,公安机关拥有不再移送审查起诉的权力。与这种"程序回流至调查阶段"的观点相匹配的是退回补充调查期间,被逮捕的嫌疑人应当仍然换押至监察机关处,由监察机关决定是否重新采取留置措施。如果监察机关决定采取留置措施,应当将嫌疑人羁押于专门的留置执行场所,而非看守所。[2]

实践中还存在的一个问题是退回补充调查难的问题。这种困难直接反映在退回补充调查率的下降上面。2018年,即职务犯罪调查权转隶的第一年,全国检察机关受理各级监察委员会移送职务犯罪16 092人,其中退回补充调查1869人次,退回补充调查率比上年度的退回补充侦查率低了37%。[3]这种退回补充侦查率的直线下降与当时地方监察机关的要求有关,多地监察机关将退回补充调查作为反腐败效果不佳的表现,因此存在对退回补充调查的抗拒甚至拒绝,有的地方监察委员会甚至提出了"零退查"的要求。[4]根据《衔接办法》第37条的规定,移送审查起诉的案件,犯罪事实不清、证据不足的应当退回国家监察委员会补充调查,但最高人民检察院在作出退查决定前应当与国家监察委员会进行沟通。实践中部分地区的监察委员会把这种

---

〔1〕 董坤:"法规范视野下监察与司法程序衔接机制——以《刑事诉讼法》第170条切入",载《国家检察官学院学报》2019年第6期,第137页。

〔2〕 谢小剑:"监察调查与刑事诉讼程序衔接的法教义学分析",载《法学》2019年第9期,第70页。

〔3〕 张军:"最高人民检察院工作报告——2019年3月12日在第十三届全国人民代表大会第二次会议上",载《检察日报》2019年3月20日。

〔4〕 刘计划:"监察委员会职务犯罪调查的性质及其法治化",载《比较法研究》2020年第3期,第160页。

"沟通"程序理解成赋予了监察机关退查拒绝权,因此选择了更为坚决的态度来对抗检察机关的退回补充调查权。[1]随着监察实务的逐步推进和实践中改革的逐步成熟,前述问题在近两年有所缓解。2019 年,全国检察机关受理各级监察委员会移送职务犯罪 24 234 人,其中退查 7806 人次,退回补充调查的比例比前一年上升了 16.3%。[2]

六、认罪认罚从宽的监检衔接

《监察法》第 31 条规定:"涉嫌职务犯罪的被调查人主动认罪认罚,有下列情形之一的,监察机关经领导人员集体研究,并报上一级监察机关批准,可以在移送人民检察院时提出从宽处罚的建议:(一)自动投案,真诚悔罪悔过的;(二)积极配合调查工作,如实供述监察机关还未掌握的违法犯罪行为的;(三)积极退赃,减少损失的;(四)具有重大立功表现或者案件涉及国家重大利益等情形的。"最高人民法院、最高人民检察院、公安部、国家安全部、司法部印发的《关于适用认罪认罚从宽制度的指导意见》(以下简称《认罪认罚从宽指导意见》)第 5 条第 2 款规定:"认罪认罚从宽制度没有适用罪名和可能判处刑罚的限定,所有刑事案件都可以适用,不能因罪轻、罪重或者罪名特殊等原因而剥夺犯罪嫌疑人、被告人自愿认罪认罚获得从宽处理的机会……"从前述法律或者规范性文件的规定来看,由监察机关负责调查的职务犯罪案件,同样可以适用认罪认罚从宽程序,这一点是没有争议的。但实践中,由于职务犯罪调查案件的特殊性,以及相关调查程序和措施的特殊性,认罪认罚从宽制度在职务犯罪案件中的适用存在许多特殊之处。

从职务犯罪定罪对于被告人供述的高度依赖性而言,职务犯罪案件对于认罪认罚程序的需求应当是高于一般犯罪案件的。典型的职务犯罪案件如受贿案件,隐秘程度高而且一般没有人报案,也不存在传统意义上的犯罪现场和痕迹,没有传统意义上的证人和受害人。在此类案件中,受贿人"所取财物并为他人谋取利益"的有罪供述与行贿人"为谋取不正当利益向嫌疑人行

---

[1] 王玄玮:"监检衔接中检察职责的尺度——刑事诉讼中'制约'与'监督'辨析",载《云南师范大学学报(哲学社会科学版)》2021 年第 1 期,第 128 页。

[2] 张军:"最高人民检察院工作报告——2020 年 5 月 25 日在第十三届全国人民代表大会第三次会议上",载《检察日报》2020 年 6 月 2 日。

贿"的证言成为核心的定罪证据。如果说随着科学技术的进步,传统的犯罪如故意杀人和盗窃、抢劫等越来越多地依赖通过科学技术手段获取的物证的话,职务犯罪案件仍然对言词证据有高度的依赖性。而前述言词证据的获取,存在极大的困难,即行贿人和受贿人由于利益紧密而往往处于同一个"攻守联盟"之中,系"一损俱损"的关系。在这种情况下,通过"宽严相济"的调查手段,包括"认罪认罚从宽"的激励程序,来获得定罪所需的言词证据,就显得格外重要。虽然从理论上来看,职务犯罪调查案件对于认罪认罚从宽程序的需求更强,但由于前期程序探索的谨慎态度,职务犯罪案件适用认罪认罚从宽程序的比例却明显低于一般犯罪案件。

认罪认罚从宽程序的监检衔接环节中,争议最多的是关于从宽处罚的"监察建议"的问题。《监察法》第 31 条规定,对于主动认罪认罚的被调查人,监察机关经领导人员集体研究,并报上一级监察机关批准,可以在移送人民检察院时提出从宽处罚的建议。第一个争议问题是,收到从宽处罚的监察建议,是否是检察机关适用认罪认罚从宽的前提条件。地方实务部门对此存在不同看法。部分地方认为,《监察法》明确规定对监察机关在法定情形下可以提出从宽处罚的建议,而监察机关不提出此类建议,说明其并不认同嫌疑人应当获得从宽处罚的处理,检察机关一般不应使用认罪认罚从宽程序。另一种意见认为,《监察法》规定的是监察机关"可以"提出从宽处罚的监察建议,而不是"应当"提出从宽处罚的监察建议,因此监察机关不给出从宽处罚的监察建议,只代表监察机关对于出具此类建议缺乏意愿或者在程序审批上面临困难,并不意味着对嫌疑人不能作出认罪认罚从宽的处理。对于检察机关而言,只要认为嫌疑人有认罪认罚的行为,并且同意适用认罪认罚从宽的程序,便可以自行决定适用认罪认罚从宽程序。[1]目前的主流观点也是实务中较为常见的处理方法是由检察机关自行判断是否对嫌疑人适用认罪认罚从宽程序,不论监察机关是否给出认罪认罚从宽的监察建议。这主要基于以下几点理由:其一,认罪认罚从宽制度作为一项规范的法律制度,符合条件就应适用,而不应将"监察建议"作为适用的程序性前提。监察机关如能提出认罪认罚从宽建议,在程序衔接上而言当然是最顺理成章的。但

---

[1] 朱孝清:"刑事诉讼法与监察法衔接中的若干争议问题",载《中国刑事法杂志》2021 年第 1 期,第 14 页。

是即使没有认罪认罚从宽的监察建议，检察机关经审查后认为符合条件的，也应当适用认罪认罚从宽。其二，在普通犯罪的审查起诉中，检察机关也拥有判断是否适用认罪认罚从宽程序的自由裁量权。《刑事诉讼法》第162条规定："公安机关侦查终结的案件，应当做到犯罪事实清楚，证据确实、充分，并且写出起诉意见书，连同案卷材料、证据一并移送同级人民检察院审查决定；同时将案件移送情况告知犯罪嫌疑人及其辩护律师。犯罪嫌疑人自愿认罪的，应当记录在案，随案移送，并在起诉意见书中写明有关情况。"可见，《刑事诉讼法》并未要求公安机关就是否适用认罪认罚从宽给出判断意见，而是由检察机关根据公安机关移送的案卷材料和起诉意见书，自行判断是否适用认罪认罚从宽程序。在职务犯罪案件的审查起诉中，检察机关的权力应当是相似的，并无不同。但是，即使监察机关不出具应当适用认罪认罚从宽程序的监察建议，也必须在移送的案卷中写明嫌疑人认罪认罚的情况，这是检察院适用认罪认罚从宽制度的前提。其三，监察机关提出认罪认罚从宽的监察建议少的一大原因，并非实践中认罪认罚的嫌疑人少，而是这一监察建议的审批程序过于困难复杂，需要经领导人员集体讨论并报上一级监察机关批准，环节多而且时间长，程序阻力大。

认罪认罚从宽监察建议浓厚的行政色彩，对于防止量刑减让认定的过度随意，维持认罪认罚从宽的统一尺度具有重要意义，但也存在审批程序过于严格、限制认罪认罚从宽监察建议适用的问题。在普通刑事案件中，检察机关提出认罪认罚从宽建议只是案件办理的一个环节，并不需要经过特别的审批程序，更不需要上级检察机关决定或同意。而《监察法》第31条的规定则大不相同，认罪认罚从宽监察建议需要经过本部门领导人员集体研究，并报上一级监察机关批准才可随案卷移送到检察机关。"集体研究"和"上一级批准"是典型的行政决策方式，具有层级性、单方性和封闭性等特征，意味着只有层级更高的权力主体才能对是否提出认罪认罚从宽建议作出决定。这种决策模式也体现了监察调查权力行使中的相对集中性。[1]笔者认为，监察机关认罪认罚从宽监察建议的决定程序，确实行政色彩浓厚，但是在实践运行中并没有因此产生认罪认罚从宽程序适用的困难。对于没有获得认罪认

---

〔1〕 汪海燕："职务犯罪案件认罪认罚从宽制度研究"，载《环球法律评论》2020年第2期，第58页。

罚从宽建议的职务犯罪嫌疑人，由于移送审查起诉的卷宗中有记录其认罪认罚的事实，同样可以由检察机关自行认定是否适用认罪认罚从宽制度。认罪认罚从宽监察建议的保守性使得职务犯罪中认罪认罚从宽的认定与一般犯罪中认罪认罚从宽的认定都越发依赖审查起诉阶段检察机关的判断，程序上更加相似。

认罪认罚从宽程序的实体适用标准，同样带来了监检衔接上的争议。2019年出台的《认罪认罚从宽指导意见》第6条规定，认罪是指"犯罪嫌疑人、被告人自愿如实供述自己的罪行，对指控的犯罪事实没有异议。承认指控的主要犯罪事实，仅对个别事实情节提出异议，或者虽然对行为性质提出辩解但表示接受司法机关认定意见的，不影响'认罪'的认定。犯罪嫌疑人、被告人犯数罪，仅如实供述其中一罪或部分罪名事实的，全案不作'认罪'的认定，不适用认罪认罚从宽制度，但对如实供述的部分，人民检察院可以提出从宽处罚的建议，人民法院可以从宽处罚"。《认罪认罚从宽指导意见》第7条规定，认罚是指"犯罪嫌疑人、被告人真诚悔罪，愿意接受处罚。'认罚'，在侦查阶段表现为表示愿意接受处罚；在审查起诉阶段表现为接受人民检察院拟作出的起诉或不起诉决定，认可人民检察院的量刑建议，签署认罪认罚具结书；在审判阶段表现为当庭确认自愿签署具结书，愿意接受刑罚处罚。'认罚'考察的重点是犯罪嫌疑人、被告人的悔罪态度和悔罪表现，应当结合退赃退赔、赔偿损失、赔礼道歉等因素来考量。犯罪嫌疑人、被告人虽然表示'认罚'，却暗中串供、干扰证人作证、毁灭、伪造证据或者隐匿、转移财产，有赔偿能力而不赔偿损失，则不能适用认罪认罚从宽制度。犯罪嫌疑人、被告人享有程序选择权，不同意适用速裁程序、简易程序的，不影响'认罚'的认定"。根据前述规定，被追诉人"自愿如实供述自己的罪行，对指控的犯罪事实没有异议"即构成认罪，被追诉人"真诚悔罪，愿意接受处罚"即构成认罚，在认罪认罚同时满足的情况下，公安司法机关就应当予以从宽处理。而《监察法》第31条规定，在被调查人认罪认罚的前提下，还需要符合四种条件之一：包括自动投案真诚悔罪、积极配合调查如实供述未被有关机关掌握的罪行、积极退赃减少损失和重大立功或案涉国家重大利益，才能由监察机关出具认罪认罚从宽监察建议。有学者将这额外的四种条件与《刑法》中关于自首、退赃和重大立功的规定进行对比，发现职务犯罪案件中认罪认罚从宽的适用条件可以分为三种类型：①自首+认罪认罚；②退赃+认罪认罚；③重大立功+认罪认罚。[1]至少在规范层面，可能导致监察案件中监察机关对认罪认罚从宽的认定比检察机关更严格：第一个层面是，实体性的认罪认罚从宽认定标准采用双层模式，在认罪认罚的基础上附加了额外条件。第二个层面是，就量刑优惠幅度而言，监察机关认定认罪认罚从宽可能比检察机关更少。比如，涉嫌受贿罪的嫌疑人张三不仅自首，而且认罪认罚，根据《监察法》的规定，仅构成认罪认罚从宽。但是根据《认罪认罚从宽指导意见》第9条的规定，对犯罪嫌疑人、被告人具有自首、坦白情节，同时认罪认罚的，应当在法定刑幅度内给予相对更大的从宽幅度。当然，这只是在规范层面上的一种解释结果。

笔者通过实证研究，发现实践中的从宽处罚远比前述法律解释更宽松。在职务犯罪调查阶段，出现了大量的量刑恩惠现象，监察机关对于被调查对象，也就是党内国家干部的态度，更像是对待犯了错的"孩子"，虽然管教严厉，但施罚温和。通过对裁判文书网2020年最新发布的200份涉嫌受贿罪嫌疑人的判决书进行统计分析，可以发现，涉嫌受贿罪的嫌疑人受到了普遍的从宽处理。

表4-1　量刑及情节统计表

量刑＼情节	总案件数	立功	自首	如实供述	认罪认罚	退赃	缴纳罚金	真诚悔罪
免予处罚	4	0	1	3	3	4	0	1
减轻处罚	60	3	40	19	45	55	6	2
从轻处罚	124	5	27	88	93	103	9	3
正常处罚	10	0	4	6	4	7	0	0
从重处罚	2	0	0	2	1	1	0	0
总计（比例）	200（100%）	8（4%）	72（36%）	118（59%）	146（73%）	170（85%）	15（7.5%）	6（3%）

---

[1] 汪海燕："职务犯罪案件认罪认罚从宽制度研究"，载《环球法律评论》2020年第2期，第58页。

*由于个案中的量刑情节并不限于一种，因此表格中的"总案件数"并非不同情节的案件数的简单相加。

——作者注

从样本情况来看（见表4-1），有188名被告人受到了免予处罚、减轻处罚和从轻处罚的处理，占比94%。仅有5%的被告人按正常量刑受罚，1%的被告人被从重处罚，属于极特别情况。从判决书中记录的从轻、减轻处罚的情节来看，这些情节主要包括立功、自首、如实供述、认罪认罚、退赃、缴纳罚金、真诚悔罪、初犯等情节，甚至包括一些非法定情节如被告人系女性或者身患多种疾病等。林林总总的从宽处理情节，只要有一二种满足，被告人就能享受优惠于最高人民法院、最高人民检察院发布的《关于办理贪污贿赂刑事案件适用法律若干问题的解释》（以下简称《贪污贿赂案件解释》）规定的量刑待遇。关于受贿的犯罪事实，自首或者如实供述的被告人有190人，占比95%，部分是因为自首和如实供述的认定标准极为宽松。只要在被采取留置措施前，嫌疑人能够交代自己的受贿罪行，一般都能够被认定为"自首"。在采取留置措施后，嫌疑人前期不供述受贿事实，但在起诉前愿意供述受贿事实，并自愿认罪认罚，则可认定为"如实供述"和"认罪认罚"，享受从轻处罚的处理。按照刑事诉讼中的无罪推定原则，在法官判决被告人构成受贿罪以前，被告人在法律上应当是无罪的。但从样本情况来看（见表4-1），在被告人仍处于"法律上无罪"的状态时，有85%的被告人选择退缴全部或者部分监察委员会认定的受贿财物，以此换取从轻处罚的待遇。有7.5%的受贿罪被告人在法官判决前，就已在监察委员会的判定基础上缴纳完罚金，也因此在法院裁判中获得从轻处罚。样本显示，因"真诚悔罪"获得量刑减让的被告人仅占比3%，可见符合"真诚悔罪"的量刑情节并不容易，实践中对这一情节的认定颇为严格。

表4-2 受贿金额与量刑幅度

量刑幅度 受贿金额（万元）	案件数 （比例）	免予处罚	缓刑	监禁 （平均年数）	法定平均 监禁年数
3~20	49（24.5%）	3	15	31（1.2）	1.5

续表

量刑幅度 受贿金额（万元）	案件数 （比例）	免予处罚	缓刑	监禁 （平均年数）	法定平均 监禁年数
20~50	57（28.5%）	1	12	44（2.8）	4
50~100	29（14.5%）	0	3	26（3.5）	5
100~200	28（14%）	0	0	28（4.2）	7
200~300	12（6%）	0	0	12（5）	9
300~1000	16（8%）	0	0	16（8.3）	12
1000~5000	9（4.5%）	0	0	9（10.7）	15
合计	200（100%）	4	30	166（4）	

根据2016年《贪污贿赂案件解释》的规定，受贿金额在3万元以上不满20万元的被告人，应处以3年以下有期徒刑或者拘役。从样本情况来看（见表4-2），受贿金额在3万元至20万元的被告人中，被免予处罚或者处以缓刑的被告人占比37%。根据《贪污贿赂案件解释》的规定，受贿金额在20万元以上不满300万元的，应当处以3年以上10年以下有期徒刑。而在样本中，受贿金额在20万元至50万元之间的被告人，有23%被免予处罚或者判处缓刑，其余被告人平均监禁年限为2.8年，低于3年的法定最低年限。受贿金额在200万元至300万元之间的被告人，其平均监禁年限为5年，更是远远低于无从轻、减轻情节时的9年估算刑期。样本中有16名被告人的受贿金额在300万元至1000万元之间，按照《贪污贿赂案件解释》的规定，应处10年以上有期徒刑、无期徒刑甚至死刑，但这些被告人中没有一人被判处以上刑罚，并且这些被告人的平均监禁年限为8.3年，明显低于10年的量刑起点。样本还显示，受贿金额在1000万元至5000万元内的被告人平均监禁年限也只是略高于10年。

在职务犯罪调查阶段，被调查人认罪认罚从而确定可以获得从宽处理之后，其可适用强制措施的匮乏亦造成了衔接的麻烦。根据《监察法》的规定，在职务犯罪调查阶段，监察机关有权采取的剥夺嫌疑人人身自由的强制措施仅留置一种。被留置的嫌疑人一旦认罪认罚，往往适用剥夺人身自由的强制措施就失去了必要性，但此时监察机关可能会因为没有限制嫌疑人人身自由的措施如取保候审措施可以适用而选择继续无意义地留置嫌疑人，直至审查起诉阶段。而到了审查起诉阶段，嫌疑人又会被采取过渡性的先行拘留措施，甚至可能被惯性地转为逮捕措施。《认罪认罚从宽指导意见》第 19 条规定："社会危险性评估。人民法院、人民检察院、公安机关应当将犯罪嫌疑人、被告人认罪认罚作为其是否具有社会危险性的重要考虑因素。对于罪行较轻、采用非羁押性强制措施足以防止发生刑事诉讼法第八十一条第一款规定的社会危险性的犯罪嫌疑人、被告人，根据犯罪性质及可能判处的刑罚，依法可不适用羁押性强制措施。"在监察调查阶段，这一原则也应当适用。笔者建议，应为监察机关增设类似取保候审的限制人身自由式强制措施，丰富监察机关所能采取的强制措施的体系，以解决认罪认罚的嫌疑人在监察调查阶段的留置措施的转换问题。

七、辩护权保障的监检衔接

辩护律师应当发挥重要作用的一个场合是在监察调查中的嫌疑人认罪认罚阶段。在一般犯罪的侦查程序中，辩护律师以及值班律师不仅被允许介入，还被认为是认罪认罚从宽制度的重要保障。而在监察调查阶段，律师在留置期间是无权介入的。有学者认为："律师帮助作为认罪认罚从宽制度的必要保障，倘若将律师排除在监察调查之外，将造成监察案件适用认罪认罚制度的重大障碍与瑕疵。"[1] 监察机关对于留置阶段社会律师介入可能造成泄密、证据毁灭或者串供的担忧，确实有理有据。但有一个更好的解决办法是，允许值班律师在留置期间介入，由于值班律师并不收受被留置人及其家属的律师费，当然就没有串供或者帮助毁灭证据的动机。值班律师在监察调查阶段的介入，能够保障认罪认罚从宽程序在监察调查阶段进行的规范性，为认罪认罚从宽的监检衔接提供程序上的助力。

另一个律师介入的时机，是检察院退回补充调查阶段。如前文所述，检察院退回补充调查阶段，应当被认为是审查起诉阶段。嫌疑人如果被采取剥夺人身自由的强制措施，此时应当关押在看守所，而非留置场所。所以此时，辩护律师介入退回补充调查，在法理上没有任何问题，其介入权利来源

---

[1] 卞建林："配合与制约：监察调查与刑事诉讼的衔接"，载《法商研究》2019 年第 1 期，第 22 页。

于《刑事诉讼法》对于采取强制措施之日起律师有权介入的规定。从实践层面看，如果案件已经被移送检察院审查起诉，便基本意味着证据收集程序已经完成，此时律师介入，也已基本不存在串供或者毁灭证据的可能性。因此，在检察院退回补充调查阶段，应当允许律师介入，会见被羁押的嫌疑人。

第五章
职务犯罪调查措施的体系转型

随着科学技术的进步、办案经费的增长和人员素质的提高，普通犯罪的侦查技术和侦查模式有了较大改变，呈现出科技化、现代化和文明化的特点。而在职务犯罪调查领域，主要调查方式仍然为传统的"一张纸、一支笔"式的讯问，最得力的调查措施仍然是高强制、严封闭的羁押措施，于传统模式下改变不大。在监察体制改革的大背景下，前述状况并未根本改变，反而获得了更多的法律支撑。在加强人权保障和权力监督的时代背景下，职务犯罪调查措施的转型已经迫在眉睫。

一、我国职务犯罪调查措施的特征

（一）种类尚需丰富

就可采取的调查措施，尤其是强制性调查措施的种类而言，我国《监察法》所规定的调查措施是比较匮乏的。根据《监察法》的规定，监察机关有权采取谈话、讯问、询问、查询、冻结、调取、查封、扣押、搜查、勘验检查、鉴定、留置、技术调查等措施。其中，属于典型强制性调查措施的为冻结、查封、扣押、搜查、留置和技术调查措施。如果按照干预对象不同进行分类，可以分为对物的强制措施和对人的强制措施。对物的强制措施包括冻结、查封、扣押和搜查。对人的强制措施包括留置和技术调查措施。对人的强制措施又可以进一步分为干预人身自由权的强制措施（留置）和干预隐私权的强制措施（技术调查措施）。监察机关有权采取的强制措施，其种类匮乏主要体现在对人的强制措施种类匮乏。

监察机关有权采取的干预人身自由权的强制措施，除完全剥夺人身自由的留置措施外，缺少短期剥夺人身自由和部分剥夺自由（限制人身自由）的强制措施。对于涉嫌普通犯罪的嫌疑人，《刑事诉讼法》规定了拘传、取保候审、监视居住、拘留和逮捕5种限制人身自由的强制措施。以时间长短为区分标准，严厉程度逐级提升的羁押性强制措施为拘传（最长24小时）、刑事拘留（最长约1个月）、刑事逮捕（延长一次后为3个月）。按照限制人身自由程度的不同，严厉程度逐级提升的为取保候审（限制离开某行政区域）、监视居住（限制离开住所）和逮捕（羁押于看守所）。而《监察法》规定的限制人身自由的强制措施，仅有留置措施。虽然在实践中监察机关也经常出于讯问需求而短期羁押嫌疑人，或者采取类似取保候审（《监察法》中的限制出境）的措施，但终究是缺少此类中间状态的干预人身自由权利的强制措施。

我国监察机关有权采取的干预隐私权利的强制措施，同样较为匮乏。比如，在美国被用来应对系统性腐败问题的诱惑调查措施，在我国就没有被明确允许采用。《监察法》第28条第1款规定："监察机关调查涉嫌重大贪污贿赂等职务犯罪，根据需要，经过严格的批准手续，可以采取技术调查措施，按照规定交有关机关执行。"而按照宽泛的解释，"技术调查措施"应当包括诱惑调查措施，但法律并未明确规定，实践中也未有先例，此项调查措施在我国仍然未被运用到职务犯罪调查之中。

（二）规制的模糊性

当前，职务犯罪调查措施的采取和审批等事项，规定于《监察法》之中，不受《刑事诉讼法》的约束。《监察法》对于职务犯罪调查措施的规制，体现出突出的"模糊规制"，或者说"一般授权"的特征。这种特征的表现为，《监察法》对于职务犯罪调查措施，尤其是强制性调查措施，并未对其适用对象、审批程序、执行程序、救济渠道等进行详细规定，而是采用简单的法律语言，授予监察机关采取这些措施的权力。

例如，《监察法》第28条第1款规定："监察机关调查涉嫌重大贪污贿赂等职务犯罪，根据需要，经过严格的批准手续，可以采取技术调查措施，按照规定交有关机关执行。"这一条款对于技术调查措施的授权，具有强烈的模糊性。其模糊性体现在以下三个方面：其一，措施种类模糊。仅规定有关机关有权采取技术调查（侦查）措施，却未规定"技术调查措施"这一概念的内涵和外延。为此，学者运用各种法律解释方法，来试图界定这一概念的内涵和外延，但终究难以达成共识，尤其在诱惑调查、卧底调查以及手机定位等措施方面。其二，批准程序模糊。对于技术调查措施申请、审批、执行的程序规制，缺乏具体规定。职务犯罪调查中，采取技术调查手段的申请书应当由谁来填写，申请书应当包括哪些内容，具体审核主体是哪一级别的何种官员，审查应当依据何种标准，授权令应当包括哪些内容，以及执行机关应当如何执行，法律均未明确规定。《监察法》仅以"经过严格的批准手续"一笔带过，具体解释亦未出台。其三，救济机制和法律后果模糊。监察机关调查人员违法采取技术调查措施的，被调查人如何寻求救济，又应当如何追究调查人员的责任，均缺乏明确规定。

又比如关于留置措施，《监察法》第22条规定，对于涉嫌职务违法和职务犯罪的被调查人，"监察机关已经掌握其部分违法犯罪事实及证据，仍有重要问题需要进一步调查，并有下列情形之一的，经监察机关依法审批，可以将其留置在特定场所：（一）涉及案情重大、复杂的；（二）可能逃跑、自杀的；（三）可能串供或者伪造、隐匿、毁灭证据的；（四）可能有其他妨碍调查行为的"。《监察法》第43条第1款规定："监察机关采取留置措施，应当由监察机关领导人员集体研究决定。设区的市级以下监察机关采取留置措施，应当报上一级监察机关批准。省级监察机关采取留置措施，应当报国家监察委员会备案。"前述条文对监察委员会采取留置措施进行了授权，但并未对下述内容进行明确规定：其一，"可能有其他妨碍调查行为"具体包括哪些情况，并未明确列举，留给调查机构自行裁量；其二，留置场所在何处，是否必须为第三方的看守所还是可以在监察机关自建场所进行，并未明确规定；其三，审批程序中，"领导人员集体研究决定"，究竟应该采用何种程序，并未明确规定；其四，如果留置出现错误的，被留置人如何申请救济，程序不明。

（三）强制的人身性

职务犯罪调查与一般犯罪调查并不相同。总体而言，职务犯罪调查具有以下特殊性：其一，案件一般不会自行暴露。除刑讯逼供、非法拘禁等犯罪外，职务犯罪一般没有具体受害人，不直接涉及公民个人利益，公民控告、作证的积极性低。作案过程隐蔽，社会危害性隐伏期较长，难以及时发现，因而犯罪行为与犯罪结果一般不会自行暴露。其二，调查顺序一般为"由人到事"。职务犯罪调查，一般由调查人员收到举报，报告"某某家中暴富，财产收支明显不符""某程序运行不正常"等疑点,对于具体的犯罪行为和犯罪事实则缺乏了解。在举报信息基础上,调查人员对嫌疑人展开调查,收集其涉嫌职务犯罪的相关证据。其三,言词证据为主而实物证据稀少。职务犯罪的事实主要通过嫌疑人口供和证人证言等证据加以证明,很少留下实物证据,即使有,也常常已经被销毁。在定罪证据中,言词证据地位突出而实物证据极为稀少。其四,嫌疑人反调查意识强。职务犯罪嫌疑人社会关系复杂,反调查能力强。嫌疑人往往作案前精心谋划,作案后又小心毁灭证据,并采取"洗钱"等手法将赃款合法化,与同案犯订立攻守联盟,利用职权威胁、阻挠知情人检举揭发。[1]

职务犯罪的上述特殊性使得各国普遍赋予职务犯罪调查机构以特殊的调查权限,以有效遏制腐败行为。相对于普通犯罪的侦查措施,我国职务犯罪调查措施的最为特殊之处,在于剥夺人身自由的措施强制性更高。亦即,留置措施对于人身的强制力度,相比普通刑事羁押措施,要高出许多。这种更高的强制性,主要体现在以下几个方面:

第一,被留置人受到的人身权利保护更少。首先,可以不通知家属的条件更宽松。我国监察机关对嫌疑人采取留置措施,如果调查人员认为有任何"有碍调查的情形",都可以不必通知家属。其次,嫌疑人不享有获得律师帮助的权利。《监察法》没有规定,被留置的嫌疑人享有会见律师的权利。实践中,嫌疑人被留置期间,律师一律不得会见。再次,获得完备生活设施和充足饮食休息的权利规定简略。最后,我国《监察法》没有规定相应监督机制,如留置期间全程录音录像等,以确保嫌疑人的各项权利能够得到保障,并且防止刑讯逼供的发生。

第二,留置措施的封闭性强。《监察法》第22条规定,监察机关有权将嫌疑人"留置在特定场所","留置场所的设置、管理和监督依照国家有关规定执行"。关于留置场所,《监察法》采取了一般性授权的立法模式,授权各地监察机关灵活选取执行地点。从实践执行情况来看,一般有两种方式:第一种,仿照《刑事诉讼法》的刑事拘留和刑事逮捕措施,在看守所执行;第二种,在监察委员会自建的廉政基地等场所执行。在监察委员会自建

---

[1] 朱孝清:"职务犯罪侦查措施研究",载《中国法学》2006年第1期,第129页。

的廉政基地执行的,嫌疑人完全处于调查人员的监控之下。而看守所由公安机关管理,监室数量有限,人员混合关押,分别处于刑拘、逮捕、起诉和一审、二审等不同阶段,人员进出频繁,走漏消息风险大。辅之以下述规定,封闭性得到进一步加强。其一,可以不通知家属。根据《监察法》第44条的规定,被调查人有"可能毁灭、伪造证据,干扰证人作证或者串供等有碍调查情形的",监察机关采取留置措施可以不通知其家属。这一条款生效后,嫌疑人处于被羁押调查的状态基本无人可以知晓,羁押的秘密性极强。其二,留置期间,律师不能会见被留置人。《监察法》整部法律,并未对留置期间律师会见的程序作出规定。实践中,嫌疑人被留置期间,律师不得会见。

第三,留置措施的适用期间漫长。留置措施限制人身自由的时间比逮捕措施更长。如果仅从规范层面进行计算,刑事拘留和逮捕相加的可能最长时限,可以达到8个月以上,比留置措施的6个月要长。但是,刑事逮捕措施适用时间满3个月还想要继续延长的,需要"经省、自治区、直辖市人民检察院批准或者决定",审批层级高且审批机构为司法机构。而根据《监察法》第43条的规定,留置措施一般可持续3个月,可以延长一次,延长时间不得超过3个月,延长后可达6个月。省级以下监察机关采取留置措施的,延长留置时间只需报上级监察机关批准,延长期限审批层级低且审批机构为同部门上级机构。

二、我国职务犯罪调查措施需要完善的问题

(一) 避免调查权力恣意化

职务犯罪调查权需要相当的灵活运用空间,以赋予调查人员在调查疑难案件时相当的自由裁量空间,提高调查效率。但对调查权力进行模糊规制的缺陷也是显而易见的,即调查权力有被滥用的风险,具体而言表现为以下两个方面:

第一,适用条件宽松和程序控制不足导致有些调查措施可能被大规模泛用。干预隐私权的技术调查措施和干预人身自由权的留置措施,在审批程序上仅需要监察机关内部审批,在适用条件上未明确规定或者留有兜底条款,在适用期限上又极为漫长(不延长情况下为3个月),导致这两类措施有被

泛用的风险。如果说留置措施由于执行成本高昂，实践中运用数量还可以控制的话，那么技术调查措施执行成本低、耗费人力少，则确确实实存在着过度运用的风险。

第二，外部监督不足导致存在违法调查的可能性。权力总是运用到遇有边界的地方才告停止，外部约束的不足，会让调查权力运用的边界无人值守，增加权力越界的可能性。留置措施的审批排除司法机关介入，执行地点不在相对中立的看守所，执行过程无需全程录音录像，非法证据排除规则的运用也不明确，导致实践中容易出现刑讯逼供的情形，进而容易造成冤假错案。

(二) 调查模式需要转型升级

由于我国职务犯罪调查中污点证人豁免制度建立未久，技术调查措施鲜有运用，诱惑调查措施更是缺乏先例，导致调查人员可选择的有效调查措施极为有限。在这一背景下，调查人员仍然倾向于选择机械的"正面突破"战略，运用传统的"一支笔、一张纸"式调查方式，借由高强度的讯问来疲劳嫌疑人的身心，漫长的羁押来突破嫌疑人的心理防线，以获取有罪供述，实现定罪的目的。这种调查战略的机械化主要体现在以下几个方面：其一，目标单一，针对主要职务犯罪嫌疑人及其同案犯，既难发现也不针对腐败中间人和行贿人；其二，获取证据手段单一，主要通过调查人员的讯问，其他的调查措施和技术手段使用有限；其三，调查思路单一，总是寻求正面突破，通过获取嫌疑人有罪供述实现对其自身的定罪，而忽略了从次要的腐败中间人、证人或者相关工作人员处迂回突破，周边收集证据，最终实现对主要嫌疑人的定罪。

(三) 人身强制的调查手段需合理化

《监察法》规定监察机关有权采取留置措施，这项调查措施源于纪律检查机关有权采取的"双规"措施。不论是留置，还是"双规"，相比普通刑事案件侦查中的逮捕措施，都具有羁押时间长、羁押地点受调查人员控制、羁押环境封闭和律师不得介入等特点，即对于嫌疑人人身自由的强制力更高。1996年修正《刑事诉讼法》后，检察机关的调查权限被进行了大幅的诉讼化改造，拘传不得连续进行，长期羁押须在看守所，且第一次讯问或强制措施采取后律师即可介入，相比于针对普通犯罪的侦查措施并无特殊之处。从那时起，具有高强度人身强制力的羁押措施（"双规"或留置），由于在获取嫌疑人有罪供述方面效果显著，成了调查人员依赖的关键调查措施。但这类措施发挥高度效用的机制，即在于通过长时间高强度的羁押讯问，疲劳嫌疑人的身体，压垮嫌疑人的心理防线，所以，人身强制的调查手段需要进一步合理化。

三、域外职务犯罪调查措施考察

（一）规制的精确度：规则精细

域外一些国家对于强制性的职务犯罪羁押和技术调查措施可以为我国提供参考。整体而言，其规制体现出"诉讼化"的特征，即设置明确的适用条件、审批程序、执行要求、救济渠道和违法责任。

第一，就适用条件而言，各国羁押和技术调查措施的适用条件都是较为明确的。就羁押措施而言，在美国，这一标准为"没有任何附加的条件可以保证嫌疑人的出庭和社会的安全"。具体而言，法官应当考虑的因素有：是否涉嫌暴力犯罪或毒品犯罪；针对嫌疑人的证据的证明力；嫌疑人的性格、身体、精神状况、家庭关系、就业、财务资源、居住年限、所处社区、社区联系、既往行为、滥用毒品或酗酒历史、犯罪记录和涉诉记录；是否处于缓刑、保释、处刑等期间；（如果释放）对任何个人和社会构成危险的性质和严重程度。[1]而技术调查措施的采取，一般需满足以下条件：其一，启动技术调查需要达到一定的证明标准，证明犯罪已经或者正在发生，并且技术调查有较大可能性可以取得犯罪证据。其二，嫌疑人所涉嫌的犯罪属于严重犯罪，可能判处较长时间的监禁刑。如《日本犯罪侦查监听法》规定，可能判处2年以上有期徒刑的严重罪行，方可采取监听措施。《法国刑事诉讼法》第100条规定须可判处刑罚为"二年或二年以上"，预审法官方可签发监听令状。《德国刑事诉讼法》第100c条第2款第m项规定，只有"特别严重的行贿和受贿犯罪"可以在嫌疑人不知情的情况下对其私人住宅进行窃听。其三，调查人员须证明采用技术调查措施有"必要性"。典型如美国，要求警察证明其他的侦查手段已经用尽并宣告失败，或者其他侦查手段还未用尽但

---

[1] 参见《美国1984年保释改革法》第二章"审前羁押"部分规定。

有合理理由认为其他手段很危险或者不可能成功。[1]

第二，调查机关采取强制性程度高的措施，应当得到司法机关的批准，这里的司法机关通常为法院。就羁押措施而言，在德国，审前羁押的令状须由法官签发，若侦查仍在进行时，则由侦查法官签发。法官在同时听取检察官和犯罪嫌疑人双方的陈述后，决定是否签发羁押令。羁押令状必须以书面形式签发，写明犯罪嫌疑人被指控所犯罪行、审前羁押原因以及所依据事实。[2]在英美法系国家，长期羁押嫌疑人，需要得到治安法官的授权。就监听措施的采取而言，各国同样由法院负责审批。《美国综合犯罪控制与街道安全法》规定，在美国联邦层面，使用搭线窃听或者互联网监控措施，需要向法官递交申请书，在获得法官签发的司法令状后方得实施。[3]《法国刑事诉讼法》第100条规定，重罪与轻罪案件，如当处之刑罚为2年或者2年以上监禁刑，在侦查有此需要时，预审法官可以命令截获、录制与抄录经电讯渠道发送的通信。[4]《德国刑事诉讼法》第100b条第1款规定，检察官须递交申请并获得法官授权之后，才得实施通讯截听行为。

第三，对嫌疑人采取强制性调查措施期间，注重保障嫌疑人的基本权利，并且遵守相关执行规定。比如，《德国刑事诉讼法》第100c条第5款规定，调查人员截取到涉及个人私人生活核心领域的内容时，应当立刻停止窃听，所得材料不能作为证据使用，应立刻删除，并将删除之过程以文书形式记录下来。

第四，被采取强制措施的嫌疑人，如果认为强制措施适用不当的，应当有渠道寻求救济。以技术调查措施为例，被调查人认为技术调查系违法进行，自身权利遭受侵犯的，可以通过向法院另行提起诉讼，请求法院维护自身权益。若违法实施技术侦查措施给被调查人合法权利造成损害，被调查人有权对相关人员或国家机关提起诉讼，获得相应民事赔偿，或者追究调查人员的刑事责任。《美国综合犯罪控制与街道安全法》第2520条规定，相对人

---

[1] United States v. Bennett, 219 F. 3d 1117, 1123 (9th Cir. 2000).

[2] 参见[德]托马斯·魏根特：《德国刑事诉讼程序》，岳礼玲、温小洁译，中国政法大学出版社2004年版，第100~101页。

[3] See Omnibus Crime Control and Safe Streets Act, Title 3.

[4] 罗结珍译：《法国刑事诉讼法典》，中国法制出版社2006年版，第104页。

认为调查人员违规进行监听、违规披露窃听所得材料或者违规使用窃听所得材料的，可以向法院起诉，请求民事赔偿，赔偿金额为每侵权一日100美元或者总共赔付1000美元（视何者更高），另可要求进行惩罚性赔偿，以及赔偿合理的律师费和诉讼费。

第五，调查人员违法采取调查措施的，应当承担相应的法律后果。这种情形导致的法律后果一般有两种，即程序性后果和实体性后果。所谓程序性后果，一般是指在被起诉的刑事诉讼程序中，由法官排除控方非法取证所得的证据。[1]某些情况下，调查人员违法采取调查措施，也要承担实体性的法律责任。《美国法典》第3121条规定，故意违法使用拨号记录器或者信号捕捉、追踪设备的，构成犯罪，可处1年以下监禁或罚款，或两者并处。《英国2000年侦查权力法》第1条规定，违法进行窃听等行为构成犯罪，可处2年以下监禁或者罚款，或两者并处；第19条规定，违法披露技术调查所得信息的，构成犯罪，可处以5年以下监禁刑或罚款，或两者并处。

（二）措施的丰富性：种类多样

（1）诱惑调查措施。在职务犯罪调查中运用诱惑调查措施较为成熟的，是美国。美国在职务犯罪调查中使用诱惑调查措施为时已久，主要使用机构为联邦调查局（FBI）。早期诱惑调查所受限制很少，但随着社会关注和舆论争议受到越来越多的限制。1981年，联邦调查局的"Abscam"诱惑调查行动收网，1名国会参议员、6名国会众议员、1名市长等31位官员被起诉和定罪，引起社会广泛关注。正是这一年，为缓解社会担忧和规范乔装调查，美国司法部发布了《美国司法部长关于FBI乔装行动的指南》（Attorney General's Guidelines on FBI Undercover Operations），标志着针对职务犯罪的诱惑调查正式走向规范化。这种调查措施取得证据方便，抓获嫌犯众多，嫌犯认罪率高，在办理系统性腐败的窝案中发挥了巨大作用。典型的调查模式，为经过FBI总部授权，调查人员物色合适的卧底人选，继而设立虚假公司，购买必要办公设备，注入足够的资金以满足卧底人员的行贿和请客需求，安排卧底循序渐进地与腐败链条中的"中间人"见面，取得中间人的信任后再

---

[1] 参见陈瑞华："非法证据排除程序再讨论"，载《法学研究》2014年第2期，第167页；熊秋红："美国非法证据排除规则的实践及对我国的启示"，载《政法论坛》2015年第3期，第142页等。

通过中间人同官员见面。在此期间，卧底出席各种饭局并寻找合适机会进行贿赂，向多名官员行贿并秘密拍下录像。在掌握数十名官员受贿的录音、录像证据后，再由 FBI "收网"，进行集中逮捕，并进入诉讼程序。

（2）污点证人豁免。检察官通过给予了解重要职务犯罪信息的次要嫌疑人以作证豁免资格，使其部分或者全部罪行得以免予起诉，换取其转化为污点证人指控主要的嫌疑人，以实现对主要嫌疑人的定罪。在美国，检察官可以与嫌疑人签订协议，要求嫌疑人履行提供证言、出庭作证等义务，并许诺对嫌疑人的部分或全部罪行不再进行追诉。[1]美国检察官征得上级检察官同意后，无需经过法院审核，即可签署"不起诉协议书"。上级检察官经审查认为符合"公共利益"和"必要原则"，即可通过该协议书。[2]《德国刑事诉讼法》第153e条规定："恐怖组织成员在实施犯罪之后、被发觉之前，可检举揭发其他恐怖组织成员或者为破案提供线索，对于有效防止或者协助侦破恐怖组织犯罪有较大贡献的，或者恐怖组织成员在实施犯罪行为之后，确有改过表现，为有关部门提供与其犯罪行为有关联的危害国家安全的重要情报的，可由联邦总检察长批准，报请最高法院批准，对其不予追诉。"

（3）测谎措施。自一百年前美国研制出测谎仪以来，测谎措施在美国、加拿大、日本、俄罗斯等国逐渐被运用到职务犯罪调查之中。截至1988年7月，美国联邦法院和23个州承认了测谎结果的证据效力。测谎仪的作用在于，通过记录被测人的各种生理变化（呼吸、脉搏、频率、血压和皮肤湿度等）来判断人的情绪变化，进而检测被测人所说的话是否为谎言。这种仪器在职务犯罪调查领域的作用在于，检测证人证言和嫌疑人供述的真伪，为调查人员讯问和法官判决提供指引和参考。[3]

（三）强制的特殊性：罪责强制

由于职务犯罪调查相较于普通犯罪侦查存在特殊性质，因此各国都赋予调查机关特殊的强制措施，以应对职务犯罪调查中的困难。尤其在英美法系

---

〔1〕 Paul S. Diamond, *Federal Grand Jury Practice and Procedure（Fifth Edition）*, Juris Publishing, 2012, chapter 8, p. 9.

〔2〕 See U. S. Attorneys' Manual, "600-Entering into Non-prosecution Agreements in Return for Cooperation—Generally", https://www.justice.gov/usam/usam-9-27000-principles-federal-prosecution, 2018年7月15日最后访问。

〔3〕 朱孝清："职务犯罪侦查措施研究"，载《中国法学》2006年第1期，第132页。

国家，逐渐演化出一种"强制询问"的制度，即强制证人回答问题，虽然该回答可能陷其入罪，但保证该证人的回答不会在后续诉讼程序中被用作对其不利的证据。在美国大陪审团面前，证人被强制要求作证，不然可能面临蔑视法庭罪或者伪证罪的指控。这时候，强制证人作证与不被强迫自证其罪的特权产生了冲突。大陪审团的一个解决方案是，给证人提供"豁免令"，使得证人提供的任何证言，不得在将来被作为对其不利的起诉证据（除非是作为蔑视法庭罪或伪证罪的起诉证据）。在免除证人因证言获罪风险的同时，也使得证人无法再用不得被迫自证其罪特权来主张沉默权，只得提供证言。一般来说，寻求免诉特权，是用来让多人犯罪中的低级参与者开口，从而获得对高级参与者的定罪证言。在美国少数几个州，免诉特权可以由检察官直接授予，或者被大陪审团强迫提供证言的证人自动享有免诉特权。但是在大部分州，免诉特权需要检察官向法院申请，由法院审核并决定是否颁发豁免令，但这种审核一般是形式性的。[1]在英国，负责调查贿赂犯罪的机构主要为反严重欺诈办公室（SFO）。根据《英国1987年刑事司法法》的规定，SFO雇员有权采用书面通知的形式，强制要求证人在指定时间到达指定地点回答问题或者提供特定信息。[2]若证人根据不得被迫自证其罪特权要求保持沉默，SFO会强调证人仍应当回答问题，但是所回答的可能证明自己有罪的内容，只能在后续的司法程序中作为质疑其相反证言之真实性或者证明其构成故意伪证罪的证据。证人无"正当理由"不履行SFO提出的要求，即构成犯罪并可被判处最长6个月的监禁或单处罚金，或两者并处。[3]澳大利亚新南威尔士州于1988年成立了自己的廉政公署，负责进行职务犯罪的调查。新南威尔士州廉政公署有权组织针对证人的强制性的不公开质询（compulsory examinations）和公开质询（public inquiries），这可以理解为一种"半司法化"的调查程序。不管是公开质询还是非公开质询程序，都由廉政公署专员或者副专员主持，但会招募律师负责进行质询程序中的提问，被质询的证人也有权聘请律师在现场为自己辩护。[4]被要求回答问题和提供其他证据的证

---

[1] Lafave Wayne et al., *Criminal Procedure: Investigation* (second edition), West Academic Publishing, 2009, pp. 420~424.

[2] 《英国1987年刑事司法法》第2条第（2）款。

[3] 《英国1987年刑事司法法》第2条第（8）（13）款。

[4] 《澳大利亚新南威尔士1988年廉政公署法》第33条。

人，无权以"不被强迫自证其罪特权"或者"保密义务"为由加以拒绝。但是，如果证人提供的证言或者证据能够证明自己有罪，其将自动获得证据豁免的资格，提供的证言或证据不得在任何民事、刑事和纪律处分程序中被用作对其不利的证据。[1]

四、我国职务犯罪调查措施的体系转型

（一）适用程序的诉讼化：从模糊规制走向精确规制

调查的诉讼化，是指"根据权力制约原理，按照诉讼程序三方组合规律的要求，不断建立和完善有关调查权的制约机制，优化和提高诉讼各方参与侦查程序的条件和程序，从而实现调查程序公开、公正和高效的一种诉讼状态"。[2]大致而言，侦查的诉讼化要求实现下列目标：

第一，建立"三方组合"的诉讼结构。在调查机关与嫌疑人的平等对抗中，引入中立的第三方（检察院或法院）进行司法审查，以建立由调查机关、嫌疑人及司法机关组成的"三方组合"的诉讼结构。调查机关对嫌疑人采取的干预其隐私权或人身自由权的强制措施，应当得到中立的第三方（司法机关）授权。具体到职务犯罪调查措施中，留置措施和技术调查措施应当得到司法机关授权方得实施。若担心审批过程中发生走漏消息、惊动未被逮捕的嫌疑人等情况，可以上提审核强制措施的司法机关的级别。

第二，允许律师有效地介入职务犯罪调查程序，提高嫌疑人在调查程序中的地位。《监察法》并未规定任何关于律师会见嫌疑人的内容。实践中，嫌疑人被采取留置措施的，律师一律不得会见，从而将律师从职务犯罪调查程序中排除出去，律师的有效介入要等到起诉阶段，即《刑事诉讼法》开始发挥约束力的阶段。笔者认为，可以通过相关解释明确规定允许律师会见被留置的嫌疑人，但有碍调查的情况下可以暂缓会见。为增强犯罪嫌疑人的力量，律师应当拥有有效的程序参与权，包括重大调查的到场参与权、与嫌疑人秘密会见和通信的权利、调查结束后的阅卷权、独立的调查取证权等。为提高嫌疑人的地位，应当明确赋予嫌疑人沉默权和获得律师帮助等权利。

第三，加强对职务犯罪调查过程的外部监督，明确规定违法调查应当承

---

[1]《澳大利亚新南威尔士1988年廉政公署法》第37条。
[2] 邓思清："侦查程序诉讼化研究"，载《国家检察官学院学报》2010年第2期，第111页。

担的责任。留置措施执行过程中应当进行全程的同步录音录像,无论是嫌疑人饮食休息时还是嫌疑人被讯问时。在留置措施执行完毕后,录音录像内容的复制版应当交由法院管理。若被留置人提出其在被留置期间遭受刑讯逼供的,监察机关负有证明留置执行过程文明合法、无刑讯逼供的责任。若监察机关无法证明留置期间执法行为的合法性,则推定刑讯逼供行为的存在,留置期间获取的嫌疑人有罪供述应当被作为非法证据予以排除。

(二)措施种类的灵活化:从羁押走向交易、刺探和诱惑

我国未来的职务犯罪调查措施,应当走向种类的丰富化、运用的灵活化和策略的迂回化,从依赖羁押(留置)措施,转为更多依靠交易(认罪认罚从宽和污点证人豁免)、刺探(技术调查)和诱惑性(诱惑调查)措施。

调查策略由正面突破转型为迂回突破。传统的职务犯罪调查措施为先确定主要嫌疑人,继而对其展开讯问,讯问不顺利时常会采取高强度、长时间的羁押措施以突破嫌疑人的心理防线,使其提供证明自身有罪的供述。未来的职务犯罪调查策略,应当转为迂回突破。具体而言,包括通过交易性的调查措施,突破次要的共犯和污点证人,换取其指证主要嫌疑人,完成定罪。

调查方式由公开调查转为隐蔽调查。以公开讯问方式进行的职务犯罪调查,所获取的有罪证据多为证人证言和被告人供述,由于嫌疑人的高度戒备和顽强抵抗,获取难度极大,且证明力弱。而监听监控和诱惑调查措施,采用隐蔽的方式进行,获取的职务犯罪证据多为录音录像和书证,调查过程中嫌疑人毫无察觉,取证过程具有同步性和顺向性,获取罪证难度低,且证明力强。然而,由于细致规定的缺乏,执政者极为担忧这两种调查措施会被滥用,导致监听监控在职务犯罪调查中运用极少,而诱惑调查更是缺乏先例。

(三)强制内容的人道化:从人身强制走向罪责强制

当前,我国职务犯罪调查措施相对于普通犯罪侦查措施,其强制性的突出之处在于对于人身自由剥夺的强制力。剥夺人身自由的留置措施,借由法律规制的模糊和诉讼化的不足,产生了高于一般刑事强制措施的人身强制力,并由此成为职务犯罪调查中的王牌措施。笔者认为,未来的职务犯罪调查措施改革方向,为加强强制措施的法律规制,并且由人身强制转型为罪责强制,即通过法律明确规定,对抗调查将会承受不利的定罪或者量刑后果。总体而言,这种罪责强制可以分为三种:

第一，调查机关有权要求任何人提供与案件调查相关的物证和书证，违抗调查机关前述命令的，可受到刑罚处罚，被判处罚金或监禁，或两罚并处。

第二，调查机关有权强制要求案件相关人员回答问题，但如果被调查人以"不得被迫自证其罪特权"为由拒绝回答问题，调查机关可以在授予其证据豁免资格的情况下，强制要求其回答问题。在获得证据豁免资格后，如果被询问人依然拒绝回答问题，则构成相应罪行，可被判处罚金或监禁，或两罚并处。证据豁免资格，是指被询问人被强制要求回答问题而提供的证言，不得在之后的违法、违纪追究程序中作为对其不利的证据。

第三，在量刑规则中，降低自首立功嫌疑人所受刑罚幅度，提高拒绝配合调查之嫌疑人的量刑幅度，拉开前述两者之间的量刑差。如此为之，使得拒绝配合调查的嫌疑人在量刑上处于极其不利的位置，迫使嫌疑人优先考虑从实交代以换取从轻处理。

第六章
职务犯罪调查中交易性调查措施的适用

2018年《刑事诉讼法》第182条第1款规定:"犯罪嫌疑人自愿如实供述涉嫌犯罪的事实,有重大立功或者案件涉及国家重大利益的,经最高人民检察院核准,公安机关可以撤销案件,人民检察院可以作出不起诉决定,也可以对涉嫌数罪中的一项或者多项不起诉。"伴随着新规定的生效,我国污点证人豁免制度正式宣告建立。

以往数年,改革者应对贿赂犯罪调查难的思路,为加强调查措施的"强制"性,虽然颇有效果,但终究存在争议。时至今日,《刑事诉讼法》的几次修正,表明改革者已经认识到,兼顾人权保障和犯罪控制的正确发展方向为——加强调查措施的"交易"性,构建符合我国国情的污点证人豁免制度。贿赂犯罪作为典型的对行性犯罪,只要能够突破一方,就不难实现对贿赂罪行的认定和另一方的定罪。为此,法治成熟国家都已确立污点证人作证豁免制度,对于能够提供证据证明主要罪犯之贿赂罪行的次要嫌疑人,给予全部或部分罪行的免于追究,以换取其合作。事实上,我国法律和实践中亦早已存在相似性质的规定和操作。不过,这些法律规定和实践操作仍存在"不可见""不一定""不完全"和"不规范"四大问题。当务之急,在于总结本土经验和吸收各国长处,将豁免贿赂犯罪中污点证人的做法规范化和制度化。

一、我国贿赂犯罪污点证人豁免的四种方式

(一)不予立案

在实践操作层面,对于贿赂犯罪领域的污点证人,豁免多以一种具有中国特色的方式进行,即"不予立案"。

实证数据完全可以反映行贿罪污点证人罪行豁免(不予立案)在我国职务犯罪调查中应用的普遍性。2002年至2006年五年间,某省区检察机关共

立案查处贿赂犯罪案件 1526 件 1646 人；其中，受贿罪 1113 件 1181 人，分别占贿赂犯罪案件总数的 72.9％和 71.7％，行贿罪 260 件 271 人，分别占贿赂犯罪案件总数的 17.0％和 16.5％。[1] 2009 年到 2011 年，江苏省常州市两级法院审结受贿案件人数为 70 人、76 人、63 人，但同期审结行贿案件人数却为 3 人、10 人、7 人。[2] 从常州市的情况来看，审结受贿案件人数占贿赂案件总人数的 91.3％，而行贿案件人数仅占贿赂案件总人数的 8.7％。受贿罪立案比例的高企和行贿罪立案比例的低下形成鲜明对比，反映的是司法实践中业已形成的行贿污点证人豁免模式——检察官以立案调查为筹码向行贿嫌疑人施压，要求其交代行贿事实，并在行贿人交代行贿事实后对其采取不予立案的处理方式，使行贿人免受刑罚处罚。

（二）撤销案件

2018 年《刑事诉讼法》第 182 条规定，犯罪嫌疑人自愿如实供述涉嫌犯罪的事实，有重大立功或者案件涉及国家重大利益的，经最高人民检察院核准，公安机关可以撤销案件。根据此规定，在经过最高人民检察院批准后，公安机关有权撤销案件。撤销案件，就刑事程序而言，针对已立案的刑事案件，经过侦查认为不构成犯罪，或者依法不应当追究刑事责任时，应当作出撤销案件的决定，标志此案已不成立。被告人已被逮捕的，应当立即释放，发给释放证明。

撤销案件同样意味着刑事追诉的终结，与不予立案处于不同的程序阶段，但具有相似的程序性结果。先立案而后撤销案件的操作方式，在我国绩效考核制的背景下，对于办案人员的年度考核是不利的，办案人员必然不倾向于使用这种豁免方式。此外，需要最高人民检察院核准，核准机构层级的极度上提，也提高了这种豁免方式的操作难度，办案机关撤销案件的难度完全超出了不予立案的难度。此外，《刑事诉讼法》第 182 条关于公安机关撤销案件的规定，能否适用于监察机关，目前仍不明确。从实践来看，对这种豁免方式需求最大的，恰恰是监察机关。毕竟职务犯罪调查物证极度缺乏，严重依赖证人证言，而污点证人豁免制度是获取证人证言的关键制度。

---

[1] 屈新、梁松：“建立我国污点证人豁免制度的实证分析——以贿赂案件为例”，载《证据科学》2008 年第 6 期，第 704 页。

[2] 王新友：“对行贿犯罪还要宽容多久”，载《检察日报》2012 年 8 月 8 日。

(三) 不起诉

就贿赂犯罪中污点证人豁免的方式而言，各国运用最多的当属对于污点证人涉嫌的全部或者部分罪名的"不起诉"。给予污点证人不起诉待遇以换取其合作的制度，在各国已广泛建立。我国实践中虽早已有此类案例，但数量极少，且长期不为法律所承认。2018年《刑事诉讼法》的修正，正式改变了这种状况。

2018年《刑事诉讼法》第182条第1款规定："犯罪嫌疑人自愿如实供述涉嫌犯罪的事实，有重大立功或者案件涉及国家重大利益的，经最高人民检察院核准，公安机关可以撤销案件，人民检察院可以作出不起诉决定，也可以对涉嫌数罪中的一项或者多项不起诉。"根据这一规定，贿赂犯罪嫌疑人在同时满足"自愿如实供述罪行"和"重大立功或涉及国家重大利益"两项实体要件的情况下，程序上经过最高人民检察院的核准，可以获得全部或者部分罪行的免予起诉。

事实上，通过给予贿赂犯罪嫌疑人"免予起诉"的待遇，来换取其成为污点证人指证其他主要被告人的操作，实践中早已存在。1999年，重庆綦江虹桥突然垮塌，造成40人死亡，14人受伤，直接经济损失600余万元。包工头费某利被认定向綦江县委原副书记林某元行贿，林某元因受贿罪、玩忽职守罪一审被判处死刑（后改判死缓）。耐人寻味的是，林某元因接受费某利的贿金而被认定受贿罪成立并判处重刑，行贿人费某利却并未因受贿罪被起诉。重庆市检察院第一分院仅就费某利的工程重大安全事故罪提起公诉，重庆市第一中院经过审理，认定被告人费某利构成工程重大安全事故罪，判处其有期徒刑10年。如果没有费某利提供的证明林某元受贿的证言，林某元的受贿罪将无法认定，费某利的检举行为系《刑法》第68条规定的"揭发他人犯罪行为"的立功行为。考虑到费某利证言的稀有性、直接性和关键性，綦江虹桥垮塌案的全国影响力和重要性，重庆市检察院给予了费某利事实上的罪行豁免。重庆市检察院将费某利案与林某元案分案处理，并对费某利的行贿行为作了不起诉处理，使得费某利从林某元受贿案的共同被告人，转变为该案的最关键证人。[1]

---

[1] 参见梁玉霞："论污点证人作证的交易豁免——由綦江虹桥案引发的法律思考"，载《中国刑事法杂志》2000年第6期，第68~69页。

(四) 从宽处罚

就刑事实体法层面而言，对于主动合作交代罪行的行贿人，一般采取的豁免方式是从宽处罚。这种豁免方式，长期以来得到了刑法的支持，在实践中的运用亦极为普遍。从宽处罚，以从宽幅度为区分标准，包括免除处罚、减轻处罚和从轻处罚三种。其中最为彻底的，当属免除处罚。

对一般犯罪而言，我国刑法与污点证人豁免制度相类似的应当是"立功"制度。我国《刑法》第68条规定："犯罪分子有揭发他人犯罪行为，查证属实的，或者提供重要线索，从而得以侦破其他案件等立功表现的，可以从轻或者减轻处罚；有重大立功表现的，可以减轻或者免除处罚。"涉嫌一般犯罪，需要达到"重大立功"程度，方有一定概率能够免除处罚。如果只是一般程度的立功，则只能是在量刑时从轻或者减轻处罚。

对贿赂犯罪而言，尤其是对愿意交代罪行的行贿人，我国刑法有一定的"优待"，以进一步鼓励行贿人交代行贿罪行。根据《刑法》第390条的规定，在三种情况下可以对行贿人免除处罚：其一，行贿人在被追诉前主动交代行贿行为，并且犯罪较轻的；其二，行贿人在被追诉前主动交代行贿行为，并且对侦破重大案件起关键作用的；其三，行贿人在被追诉前主动交代行贿行为，并且有重大立功表现的。相比于涉嫌一般犯罪的嫌疑人，行贿人主动交代的，只要罪行较轻或者帮助侦破重大案件，都可能被免除处罚。

除行贿之外，涉嫌其他罪行的嫌疑人均不能凭借较为宽松的条件，在主动交代或一般立功的情况下于量刑时被免除刑罚。[1]立法者之所以对行贿罪行的量刑情节进行特殊处理，是为了以"免罚"的恩惠，鼓励行贿人与调查人员合作。

二、我国贿赂犯罪污点证人豁免存在的问题

(一) 不可见——程序上的后置性

按照程序先后，我国要求行贿人先主动交代贿赂罪行，并与控方合作指证其他受贿人有罪，之后才由检察官决定是否不起诉，或者由法官决定是否

---

〔1〕 我国刑法关于立功的规定不仅包括《刑法》第68、390条的作为刑罚裁量制度的立功，还包括《刑法》第50、78及449条规定的刑罚执行制度的立功，但后者仅针对定罪量刑之后的减刑问题，与污点证人豁免制度大异其趣，本书不作讨论。

从宽处罚甚至不处罚。从司法机关的角度来看，这一顺序似乎是顺理成章的，只有行贿人提供了具体的贿赂犯罪证言证明自身有巨大价值，或者在控方对其他主要被告人的起诉中作出重大贡献之后，检察官和法官才能评估行贿人作为污点证人的价值和贡献大小，继而根据其功劳之大小决定是否对其不起诉或者免予处罚。但是，从污点证人的角度来看，其却是提心吊胆的。在贿赂行为定罪证据充足的情况下，控方并不需要污点证人合作，而是会对污点证人一并追诉。真正有意义的考量，发生在缺乏证据证明贿赂犯罪已经发生的情况下。此时，污点证人在考虑是否与控方合作之时，面临着利益的抉择：若选择缄口不言，贿赂行为并不会为控方所知，自身或可逃脱刑法惩罚，主动权在自己手中；若选择与控方合作，提供证言证明贿赂行为存在以及受贿人有罪，那么个人命运就交到了检察官和法官的手中，之后会面临定罪还是豁免并不可知。出于"飞鸟尽，良弓藏"的担忧，行贿人会担心在自己提供证言后、帮助调查价值已然用尽的情况下，检察官将不会再给予自己豁免资格，而是本着检察官追诉犯罪的天然职业倾向一并追究其刑事责任。"看不到"豁免是否如期而至，出于对控方的不信任和对定罪证据不足的预判，行贿人更有可能选择缄口不言，以图能侥幸逃脱惩罚。豁免程序的完全后置，使得行贿人内心缺乏确定期待，安全感得不到保障，合作的意愿会大幅降低。与我国不同，英国、美国、澳大利亚等国检察官或调查人员在争取污点证人合作之前，会以"不起诉协议书"或"豁免令"的前置程序，让行贿人在"开口作证前"得到程序性保障，明确知晓豁免内容，从而对自己的作证后果有一个较为准确的预期。

（二）不一定——概率上的或然性

污点证人主动交代贿赂罪行并帮助指证其他被告人，未必能够获得豁免资格。首先，对于获得豁免资格的实体要件规定模糊，存在极大的弹性。不管是《刑事诉讼法》规定的"自愿如实供述罪行"和"重大立功或涉及国家重大利益"两项免予起诉要件，还是《刑法》规定的"犯罪较轻""对侦破重大案件起关键作用"和"重大立功表现"三项免予处罚条件，都存在认定上的弹性。尤其是是否符合涉及国家重大利益或者对侦破重大案件起关键作用的条件，实践中十分依赖调查人员和检察官的主观判断。其次，调查人员或者检察官的豁免意愿存在不确定性。不论是《刑事诉讼法》第182

条,还是《刑法》第390条,都没有要求检察官"应当"给予污点证人豁免的资格,只是规定"可以"。也就是说,对于豁免资格,即使嫌疑人条件完全符合,调查人员和检察官也是可给可不给。即使存在检察官的口头承诺,这种承诺也缺乏规范性的文书保证,遑论强制执行的可能。最后,寻求豁免的申请,有无法通过审批程序的风险。尤其是根据《刑事诉讼法》第182条的规定,豁免资格的审批权被上调到最高人民检察院,审核主体的级别提升,其意即在于加强审批程序的严格程度,使得豁免申请被否决的可能性大大增加。

概率上的或然性,给嫌疑人带来的是心理上的不确定性,使得嫌疑人与控方合作成为污点证人的意愿大幅降低。

(三) 不完全——程度上的部分性

第一,我国刑法规定的行贿人豁免更多是"定罪不处罚",而非不起诉,也就是并非作为出罪条件,而是作为量刑情节存在。国外的污点证人豁免制度,大多是对于相应的罪行不展开起诉和审判,即不再进行刑法上的评价。从这一维度而言,我国的行贿人豁免是不彻底的。在我国刑罚带来的监禁和罚没固然让人痛苦,定罪带来的罪犯标签同样让人寸步难行。虽然刑罚被免除,罪犯标签会继续贬损行贿人的声誉和形象,影响其求职和婚姻,甚至影响下一代的求学工作。

第二,我国刑法规定的行贿人豁免制度,从量刑优惠的幅度而言,可能是免罚,可能是减轻,也可能是从轻。坦白从宽是我国刑法一贯的量刑政策,但对于行贿人而言,这种"从宽"的幅度是不确定的。其既有可能在法定量刑标准的范围内被从轻处罚,也可能在法定量刑标准之下被减轻处罚,还有可能被免除处罚。前两者的刑罚减让都是部分性的,而非完全豁免。

(四) 不规范——操作上的随意性

目前对于贿赂犯罪污点证人的豁免,缺乏规范的豁免方式、适用程序、审查机制和保障机制的制约,在操作上呈现出明显的随意性特征。首先,就豁免的类型而言,既存在起诉豁免和处罚豁免两种较为规范的豁免,也存在立案豁免这种实践中异化发展出来的豁免方式。其次,豁免的模式究竟是采取证据使用豁免还是罪行豁免,目前仍然缺乏相对统一的规定。如果采取罪行豁免的模式,那么如何应对豁免决定作出后发现豁免认定存在错误需要撤回的情况？如果采取证据使用豁免的情况，又如何避免检察官撕毁豁免协定，对污点证人进行重新追诉？最后，污点证人豁免的程序也不规范，检察官的口头豁免承诺如何保障执行，起诉豁免的申请书如何书写，最高人民检察院对豁免申请的审核标准何在，是实质性审批还是形式性审批，都缺乏具体规定。

三、我国贿赂犯罪污点证人豁免模式的选择

污点证人豁免的模式，大致有证据使用豁免和罪行豁免两种。证据使用豁免（use immunity），指污点证人提供的任何证言，不得在之后的起诉程序中被用作对其不利的证据。证据使用豁免又分为两类，即直接证据使用豁免（direct use immunity）和衍生证据使用豁免（derivative use immunity）。直接证据使用豁免，仅要求污点证人直接提供的证言，不得被用作对其不利的证据。而衍生证据使用豁免，则要求不仅直接证言，而且由证言衍生出来的其他证据，都不得被用作对污点证人不利的证据。[1]罪行豁免（transactional immunity），指污点证人提供证言所涉及的罪行，不得在后续诉讼中被起诉。[2]

（一）污点证人作证豁免的两种模式

1. 证据使用豁免模式

采取证据使用豁免模式的国家，主要有美国、英国和澳大利亚。美国正式轨道下的污点证人豁免，是指通过法院（个别州由检察官）签发的正式豁免令状，来赋予污点证人豁免资格。在美国大陪审团面前，证人被强制要求作证，不然可能面临蔑视罪或者伪证罪的指控。这时候，强制证人作证与不被强迫自证其罪的特权产生了冲突。大陪审团的一个解决方案是，给证人提供"豁免令"，使得证人提供的任何证言，不得在将来被作为对其不利的起诉证据（除非是作为蔑视罪或伪证罪的起诉证据）。在免除证人因证言获罪风险的同时，也使得证人无法再用不得被迫自证其罪的特权来主张沉默权，只得提供证言。一般来说，寻求免诉特权，是用来让多人犯罪中的低级参与

---

〔1〕 Paul S. Diamond, *Federal Grand Jury Practice and Procedure (Fifth Edition)*, Juris Publishing, 2012, chapter 8, p. 9.

〔2〕 参见美国联邦最高法院判决书，Kastigar v. United States, 406 U. S 443.

者开口,从而获得对高级参与者的定罪证言。在美国少数几个州,免诉特权可以由检察官直接授予,或者被大陪审团强迫提供证言的证人自动享有免诉特权。但是在大部分州,免诉特权需要检察官向法院申请,由法院审核并决定是否颁发豁免令,但这种审核一般是形式性的。[1]在联邦层面,这种豁免属于证据使用豁免,并且系衍生证据使用豁免。[2]在英国,负责调查贿赂犯罪的机构主要为反严重欺诈办公室(SFO)。根据《英国1987年刑事司法法》的规定,SFO雇员有权采用书面通知的形式,强制要求证人在指定时间到达指定地点回答问题或者提供特定信息。[3]若证人根据不得被迫自证其罪的特权要求保持沉默,SFO会强调证人仍应当回答问题,但是所回答的可能证明自己有罪的内容,只能在后续的司法程序中作为质疑其相反证言之真实性或者证明其构成故意伪证罪的证据。证人无"正当理由"不履行SFO提出的要求,即构成犯罪并可被判处最长6个月的监禁或单处罚金,或两者并处。[4]可以看出,英国SFO的强制讯问权所匹配的是证据使用豁免模式。澳大利亚新南威尔士州于1988年成立了自己的廉政公署,负责进行职务犯罪的调查。新南威尔士州廉政公署有权组织针对证人的强制性的不公开质询(compulsory examinations)和公开质询(public inquiries),这可以理解为一种"半司法化"的调查程序。不管是公开质询还是非公开质询程序,都由廉政公署专员或者副专员主持,但会招募律师负责进行质询程序中的提问,被质询的证人也有权聘请律师在现场为自己辩护。[5]被要求回答问题和提供其他证据的证人,无权以"不被强迫自证其罪特权"或者"保密义务"为由加以拒绝。但是,如果证人提供的证言或者证据能够证明自己有罪,其将自动受到不被强迫自证其罪特权的保护,其提供的证言或证据不得在任何民事、刑事和纪律处分程序中被用作对其不利的证据。[6]

---

[1] Lafave Wayne et al., *Criminal Procedure: Investigation* (second edition), West Academic Publishing, 2009, pp. 420~424.

[2] 《美国法典》第6002条规定,证人被强制在大陪审团面前作证的,"在强制作证令之下证人提供的证言或其他信息(或者从该证言和信息中直接或间接获取的任何信息)都不得在之后的刑事诉讼中用作对其不利的证据"。

[3] 《英国1987年刑事司法法》第2条第(2)款。

[4] 《英国1987年刑事司法法》第2条第(8)(13)款。

[5] 《澳大利亚新南威尔士1988年廉政公署法》第33条。

[6] 《澳大利亚新南威尔士1988年廉政公署法》第37条。

2. 罪行豁免模式

采用罪行豁免模式的国家，主要有美国以及德国。美国非正式轨道下的污点证人豁免，即辩诉交易轨道下的污点证人豁免。美国不仅有通过前述正式豁免令的豁免，还有通过签订非正式的"不起诉协议书"进行的豁免。在这种模式下，检察官与嫌疑人签订协议，要求嫌疑人履行提供证言、出庭作证等义务，并许诺对嫌疑人的部分罪行不再进行追诉。[1]美国检察官征得上级检察官同意后，无需经过法院审核，即可签署"不起诉协议书"。上级检察官经审查认为符合"公共利益"和"必要原则"，即可通过。[2]这种"不起诉协议书"只约束检察官的起诉裁量权，对法院没有约束力，[3]其性质近乎私人民事合同，但与一般民事合同不同的是，《美国宪法》的正当程序条款要求检察官必须按照合同的约定去执行。[4]《德国刑事诉讼法》第153e条规定："恐怖组织成员在实施犯罪之后、被发觉之前，可检举揭发其他恐怖组织成员或者为破案提供线索，对于有效防止或者协助侦破恐怖组织犯罪有较大贡献的，或者恐怖组织成员在实施犯罪行为之后，确有改过表现，为有关部门提供与其犯罪行为有关联的危害国家安全的重要情报的，可由联邦总检察长批准，报请最高法院批准，对其不予追诉。"德国的豁免仅针对恐怖犯罪，而且有明显的事后性和非正式性。

（二）我国贿赂犯罪污点证人豁免模式的选择

关于我国应当采纳何种豁免模式，国内学者的观点几乎是一致的，即"有限的罪行豁免"。[5]理由大致有如下三点：其一，类似美国的"证据豁免模式"，容易导致污点证人在交代罪行后被"秋后算账"。证据使用豁免

---

[1] Paul S. Diamond, *Federal Grand Jury Practice and Procedure* (*Fifth Edition*), Juris Publishing. 2012, chapter 8, p. 9.

[2] See U. S. Attorneys' Manual", "600-Entering into Non-prosecution Agreements in Return for Cooperation—Generally", https://www.justice.gov/usam/usam-9-27000-principles-federal-prosecution, 2018年7月15日最后访问。

[3] United States v. Doe, 465 US. 605, 616 (1984).

[4] United States v. Pelletier, 898 F. 2D 297 (2d Cir. 1990).

[5] 参见汪海燕："建构我国污点证人刑事责任豁免制度"，载《法商研究》2006年第1期，第27页；徐静村、潘金贵："作证豁免制度研究"，载《西南民族大学学报（人文社科版）》2004年第2期，第37页；屈新、梁松："建立我国污点证人豁免制度的实证分析——以贿赂案件为例"，载《证据科学》2008年第6期，第710页；熊瑛："污点证人作证豁免制度与立功制度的比较考察——兼论构建我国污点证人作证豁免制度"，载《湖北社会科学》2011年第8期，第147页。

并不能完全免除证人的罪行,只是强调其提供的证据不得在以后的刑事诉讼中被使用,证人的罪行能否被彻底豁免实际上处于不确定的状态。如果政府根据"合法的、独立的来源"掌握了证人足够的犯罪证据,仍然可以对其进行追诉。对于证人而言,其罪行并不因作证而被涤清,仍处于被追诉的危险之中。[1]其二,由于污点证人在证据豁免模式下心存作证后仍被追诉的担忧,合作意愿不强,证言质量较差。污点证人由于担心检控方利用自己的证言追诉自己,在作证时有意留一手,甘愿冒伪证罪或者蔑视法庭罪的风险也不如实作证,导致作证效果不尽人意。[2]其三,美国衍生证据使用豁免模式下"独立、合法的"证据方可用来证明嫌疑人有罪的方式在我国行不通。英美法系国家的证据制度中,非法证据排除规则相对成熟,凡是对以刑讯逼供等非法方法取得的言词证据、根据该言词证据取得的其他证据都应当排除。而根据我国《刑事诉讼法》第56条的规定,只排除刑讯逼供所得言词证据,对于根据该言词证据找到的物证并不排除。因此,这种形式的豁免在我国缺乏制度保障,不具有引入可行性。[3]

然而,对于前述观点笔者并不认同。笔者认为,更适合我国的,是证据豁免模式,并且应当是衍生证据豁免模式。原因如下:

第一,证据豁免模式给污点证人带来的被"秋后算账"的风险,未必比罪行豁免模式大多少,不能只见实体规定开的口子,未见程序控制和证据限制附加的重重障碍。在美国的实践中,罪行豁免和证据使用豁免在再起诉风险方面的差异非常小。美国检察官在申请豁免令之前,通常已经与污点证人达成初步共识,以不起诉换取污点证人合作,因此检察官在污点证人作证后起诉污点证人的动力本就不足。就审批程序来看,检察官要起诉仅接受证据使用豁免的证人之证言中所涉罪行,还需经得联邦司法部长指定的副司法部长批准,事实上取得这种批准非常困难。[4]检察官若要起诉污点证人之证言

---

[1] 汪海燕:"建构我国污点证人刑事责任豁免制度",载《法商研究》2006年第1期,第27页。

[2] 徐静村、潘金贵:"作证豁免制度研究",载《西南民族大学学报(人文社科版)》2004年第2期,第37页。

[3] 屈新、梁松:"建立我国污点证人豁免制度的实证分析——以贿赂案件为例",载《证据科学》2008年第6期,第710页。

[4] Paul S. Diamond, *Federal Grand Jury Practice and Procedure* (*Fifth Edition*), Juris Publishing, 2012, chapter 8, p. 38.

所涉罪行,除需要有足够的定罪证据,还需证明定罪证据系来自"合法而独立的来源",而非直接或间接来自污点证人的受豁免证言。美国部分巡回法庭的要求更高,如果检察官无法证明其采集定罪证据的思路并未受到污点证人之受豁免证言的"引导"(lead),那么法官会判定检察官的起诉证据并非来自"独立来源"。[1]

第二,"有限的罪行豁免"模式依赖检察官与污点证人之间灵活的非正式"辩诉协议",而证据豁免模式则仰赖正式的"豁免令"或"豁免规则",前者并不符合我国民众对于辩诉关系的想象。罪行豁免,系彻底的起诉豁免,其支撑权力为检察官的不起诉裁量权。豁免之后的不可补救性,注定了罪行豁免的范围必须是极为狭窄和个殊化的(亦即我国学者强调的"有限"),这一范围的大小,依赖检察官对具体案件的判断、已有定罪证据的强弱和控辩双方的具体豁免协议。这就注定了,罪行豁免模式与辩诉交易制度有极强的亲缘性。而证据豁免模式,并非彻底的起诉豁免,只是对起诉证据的严格限制,豁免后可以补救,无需个殊化的辩诉协议,因此可以采用一般化和正式化的"豁免令"和"豁免规则"来给予豁免。前文已述,采取罪行豁免模式的国家,包括美国以及德国,其罪行豁免的操作,并不依赖正式颁布的"豁免令"或者一般性的强制作证"豁免规则",而是依赖个案中的辩诉双方达成合作协议(口头或书面),后检察官报上级批准后给予免予追诉。实质而言,这是一种在辩诉交易渠道下运行的豁免模式。无怪乎,采用罪行豁免模式又对辩诉交易思维比较抵触的德国,只在恐怖犯罪的调查中引入了污点证人豁免制度,只因其急于在此类案件中取得污点证人的协助。依赖辩诉协议运行的罪行豁免模式,给予检察官极大的自由裁量权,一般只需监察系统内部审批,高度灵活的表象之下是外部监督的缺乏。此外,这种灵活的辩诉协议,若经由其长期发展,容易演化出控辩双方讨价还价的"市场文化",这是我国不愿意看到的。我国学术界曾一度对美国辩诉交易制度展开了细致的研究并大力推崇,但我国终究未能认同这种过于"市场化"的协商性司法,反而演化出中国特色的速裁程序和认罪认罚从宽制度。中国特色的速裁程序和认罪认罚从宽制度,摒弃了控辩双方平等的讨价还价和私定

---

[1] United States v. Nemes, 555 F. 2D 51 (2d Cir 1977).

协议，将协商性司法的协商属性降到极低的程度，强调的是嫌疑人主动的坦白和政府主导的宽大。由此来看，与这一逻辑相契洽的，显然是仰赖正式"豁免令"或"豁免规则"，强调政府主导，纳入司法审查，采取正式形式的证据豁免模式。

第三，罪行豁免模式，容易出现不可补救的问题。污点证人豁免，尤其是在证人开口作证前就决定是否对其进行豁免，有时会出现一些判断错误。比如，对主从犯的认识错误，错误地给主犯以污点证人豁免资格，来实现对从犯的追诉。污点证人豁免的合理性基础，在于牺牲部分次要的国家刑罚权力，来实现主要的国家刑罚权力。当主要的国家刑罚权力被牺牲，以换取次要的国家刑罚权力的实现，这种"交易"就失去了正当性基础。又如，嫌疑人获得豁免资格后，给出了完全虚假的证言，将刑事侦查和起诉引入歧途，甚至险些酿成冤案。此时，仅以伪证罪追究其刑事责任，可判处刑罚过轻，应当兼以起诉其原已得到豁免之罪行。

此外，污点证人刑事豁免当以必要为宜，超过必要限度的豁免即失去了合理性。首先，证据使用豁免足以打破不被强迫自证其罪特权的保护，强制污点证人作证。污点证人之所以有权保持沉默，是因为其有不被强迫自证其罪的特权，赋予其在所述证言可能陷自身入罪的情况下有权保持沉默。证据使用豁免即针对这一特权，强调污点证人所陈述的证言，不会被直接或间接用作对其不利的证据。在这种情况下，污点证人的沉默权即足以被打破，其不再有权保持沉默。其次，如前文所述，二者在污点证人被"秋后算账"的风险方面差别不大，都能起到鼓励嫌疑人开口作证的目的。虽然从豁免的彻底程度而言，证据使用豁免比不上罪行豁免，但证据使用豁免已经足够。美国的正式豁免轨道（豁免令）下，在1970年前采用的是罪行豁免模式，但1970年之后改革为证据使用豁免模式，美国国会在修法意见中写道："通过在不被强迫自证其罪特权存在的同时提供保护，（新的证据使用）豁免法案已经足以有效代替不被强迫自证其罪的特权。"[1]

第四，证据使用豁免之后，检察官若要起诉污点证人证言所涉的罪行，其需提供的独立而合法的证据来源，并非无法实践操作。第一种也是最有效

---

[1] H. R. REP. NO 1549, 91st Cong.

的方法，是由检察官提供充分证据证明，其所获得的证明污点证人犯下证言中所涉罪行的证据，证据采集时间在污点证人提供证言之前。既然污点证人还未开口交代罪行，检察官就已经获得了定罪证据，那么此定罪证据的获得必然与污点证人之证言没有关系，亦即是"独立的"。第二种方法，在污点证人提供证言后，由检察官提供一份记录，列明搜集的任何关于污点证人证言所涉罪行的有罪证据之获取时间和获取来源。通过这份记录，检察官向法官证明，其所获证据的来源是与污点证人的证言互相独立的。[1]

四、我国贿赂犯罪污点证人豁免程序的创设

(一) 污点证人豁免程序的两种模式

1. 协议型豁免程序

协议型豁免程序，是指通过嫌疑人与检察官达成的不起诉协议，来决定对嫌疑人起诉与否以及不起诉的范围，程序的关键点在于控辩双方不起诉协议书的达成。采用这种污点证人豁免程序的国家主要有美国、德国（针对恐怖犯罪）。其中最为典型的，是美国非正式轨道下的污点证人豁免，这一轨道即为美国的辩诉交易制度。

在美国辩诉交易制度下的污点证人豁免制度，污点证人获得不起诉优惠的方式，与获得其他量刑等优惠的方式相同，都需要通过与检察官的多轮"议价"。首先是准备阶段，污点证人和检察官在获知对方有合作意愿和需求的时候，就可以展开关于作证豁免的谈判。为了谈判能够顺利进行下去，污点证人与检察官都需要向对方透露部分信息，包括污点证人可能知晓的某些嫌疑人罪证、检察官已经掌握的部分证据等。其后进入正式谈判阶段，检察官根据己方定罪证据的强弱、污点证人掌握信息的价值、污点证人罪行的轻重、污点证人事实上是否有罪、起诉罪行的性质、庭审的可能结果等因素，制作一份初步的"协议书"，上面列明能够给污点证人提供的豁免范围，即检察官可以撤下哪几项起诉，以换取污点证人认罪并且当庭实名指证特定被告人。污点证人的律师同样会给检察官一份其认为合理的协议书，要求的条件通常比检察官的提议更多，包括可能要求豁免所有罪行，隐匿身份指证其

---

[1] Paul S. Diamond, *Federal Grand Jury Practice and Procedure* (*Fifth Edition*), Juris Publishing, 2012, chapter 8, p. 26.

他被告人等。最后，经过多轮"讨价还价"，控辩双方达成一份最终的豁免协议书，由检察官承诺对污点证人的部分或全部罪行不再追诉，以换取污点证人的认罪、指证其他被告人甚至充当刑事调查中的线人。[1]

2. 规范型豁免程序

规范型豁免程序，是指豁免程序的核心依托是司法机关颁发的"豁免令"或者特定条件下适用的"豁免规则"，具有强烈的规范性和正式性，此种豁免程序一般与证据使用豁免模式相匹配。此类豁免程序下，须先由污点证人与检察官达成豁免换合作的共识，然后由检察官申请豁免令或者按相应程序适用豁免规则。

（1）"豁免令"程序。根据《美国联邦检察官手册》的规定，检察官申请豁免令的，需先向联邦司法部专门负责审批豁免令事项的副部长申请批准，在获得副部长批准后，再向法院申请批准豁免令。[2]其中，司法部副部长进行的审核为实质性审核，法院的审核为形式性审核，只要形式要件符合，法院都会批准"豁免令"。

（2）"豁免规则"程序。英国SFO有权强迫证人回答问题，此时《英国1987年刑事司法法》规定的豁免规则将自动适用，证人所提供证言将不得在之后的司法程序中被用作对其不利的证据，但在后续的司法程序中可作为质疑其相反证言之真实性或者证明其构成故意伪证罪的证据。《英国1987年刑事司法法》还规定了任何人无"正当理由"不履行SFO提出的要求，即构成犯罪并可被判处最长6个月的监禁或单处罚金，或两者并处。[3]澳大利亚新南威尔士州廉政公署有权组织针对证人的强制性的不公开质询和公开质询，在质询会上廉政公署官员与英国SFO一样有权强迫证人回答问题，但证人受强迫提供的证言自动适用证据使用豁免规则，其提供的证言或证据不得在任何民事、刑事和纪律处分程序中被用作对其不利的证据。[4]

（二）我国污点证人豁免程序模式之选择

选择合适的污点证人豁免程序，关键在于考量我国对协商性司法的接受

---

[1] Nicholas Herman, *Plea Bargaining* (*Third Edition*), Juris Publishing, 2012, pp. 53~73.
[2] See U. S. Attorneys' Manual, "110-Statutory Authority to Compel Testimony", https://www.justice.gov/usam/usam-9-27000-principles-federal-prosecution, 2018年7月15日最后访问。
[3] 《英国1987年刑事司法法》第2条第（8）（13）款。
[4] 《澳大利亚新南威尔士1988年廉政公署法》第37条。

程度、豁免程序运行的效率以及发生司法腐败的危险程度。综合考量前述三个要素，笔者认为，规范型污点证人豁免程序更适合我国。

第一，必须考虑我国对于调查程序之"协商性"的接受程度。像美国这般将定罪和量刑当作待价而沽的商品放进"市场"，由控方和辩方进行多轮次的讨价还价，恐怕并不符合我国民众对于刑事司法的想象。而且，我国在辩护方与控诉方的对抗中，更强调辩护方的"主动配合"和控诉方的"主导作用"，这也注定了我国很难接受被告人平起平坐地与检察官大谈条件。从这一角度而言，规范型豁免程序更适合我国。

第二，污点证人豁免程序必须是有效率的，如果豁免程序过于复杂，程序性障碍设置过多，以至于污点证人和检察官难以达成合作的共识，那么这种程序就阻碍了制度本身目的的实现。从效率维度而言，协议型豁免程序给了检察官更灵活的豁免裁量权，似乎更容易使控辩双方达成合作共识，因此效率更高。但英美法系国家辩诉交易达成对于律师介入的依赖性过高，而实践中由于我国行贿人聘请律师比例不高，加之当下职务犯罪调查过程中不允许嫌疑人从律师处获取帮助，使得行贿人需自行就"不起诉协议"的具体条件与检察官展开谈判，这对于缺乏法律知识和经验的嫌疑人提出了过高的要求，条款复杂而暗藏陷阱的辩诉协议已超出其理解能力，容易导致其望而却步，最终难以和检察官达成辩诉协议。而格式规范、内容统一的豁免令或豁免规则，则更容易为污点证人所理解和信任，也更能保障污点证人的利益，反而更有利于控辩双方就豁免事宜达成共识。

第三，从防范司法腐败的角度而言，协议型豁免程序赋予检察官过大的豁免裁量权，在我国正处于社会转型期的当下，容易诱发司法腐败。

(三) 保障性前置程序的建构

无论何种污点证人豁免程序，都建立在污点证人与检察官达成共识，污点证人愿意合作并且检察官愿意给予污点证人豁免资格的基础上。在检察官决定是否给予豁免资格之前，其需要足够的信息来判断，包括污点证人所知晓犯罪信息的价值，以及污点证人在犯罪中扮演角色的重要性。但污点证人又需要足够的保障，保证其透露的信息不会被用作对其不利的证据。为此，各国都建有豁免前的控辩协商机制，以促成污点证人与检察官达成合作的共识。在这方面较为成熟和典型的当属美国。当嫌疑人被起诉之后，美国联邦司法系统设置了一种"提议会谈"（proffer session）的制度，允许被告人、辩护律师、检察官和警察秘密地坐在一个小房间里，商谈被告人提供有价值证据换取宽大处理的事宜。参与会谈的各方都需要签署一份协议，协议上注明，不论在会谈中被告人作出了怎样的供述，这些供述都不能在以后的诉讼程序中成为对其不利的证据。随后，被告人会开口谈自己知道的信息，而检察官判断这些信息是否有用。如果检察官认为这些信息很有价值，其中涉及其他官员的贿赂腐败问题，那么检察官可以开出各种条件来换取被告人到大陪审团或审判庭面前作证，包括延迟起诉时间、不对某些罪行进行起诉、重罪起诉改为轻罪起诉等。如果检察官认为被告人提供的信息并无价值，那么检察官会认为被告人没有作为污点证人的价值，无法获得宽大处理的好处。[1]检察官在"提议会谈"的过程中，最重要的就是权衡被告人罪责的严重性和知晓信息的有用性之间的轻重，如果认为被告人罪责轻但是提供的证言价值大，那么很可能给予被告人宽大处理的机会；如果认为被告人罪责重但是提供的证言价值小，那么很可能不会给予被告人宽大处理的机会。此外，像贿赂犯罪中，检察官还需要判断涉及行贿受贿的诸嫌疑人中，究竟谁是罪责最大而需要针对性起诉的关键人物，谁是罪责更小而可以通过大幅刑罚减让来换取合作的边缘人物，给边缘人物提供当"污点证人"的机会会远远大于关键人物。

　　与美国不同，我国对于协商性司法的接受程度较低，且沉默权和不被强迫自证其罪权的保障要求不一致。但这并不妨碍我国参考美国的前置性协商程序，我国可以建立一种由污点证人、辩护律师、监察委员会调查人员、检察官四方参与的秘密协商程序，协商过程中不允许录音、录像和制作笔录，但不禁止监察委员会调查人员和检察官以其他方式利用污点证人在秘密协商过程中透漏的信息。这种协商程序，无非是为当前极不规范的检察官与污点证人协商提供了一个正式而私密的平台以加速双方合作共识的达成，允许辩护律师的参与以保护污点证人的利益，但最终还是依赖控辩双方基于信誉和信任的原始性协商，而不像美国引入各种权利义务协议来约束各方。

---

　　[1] Natapoff, Alexandra, *Snitching: Criminal informants and the erosion of American justice*, NYU Press, 2009, pp. 21~23.

五、我国贿赂犯罪污点证人审查机制的建构

(一) 审查机构

污点证人豁免是否需要审查？如果需要审查，又该由哪些机构进行审查？目前各国家和地区的审查机构，共分为三种模式。第一种，为无审核模式。在这种模式下，污点证人豁免的资格为符合条件自动授予或者由检察官直接授予，适用的国家和地区主要有英国、澳大利亚新南威尔士州和美国少数州。英国SFO和澳大利亚新南威尔士州廉政公署调查人员行使强制讯问权时，根据豁免规则污点证人自动适用证据使用豁免，无需上级机构、检察官或者法官审核。而在美国各州层面，少数几个州的豁免令可以由检察官直接授予，或者被大陪审团强迫提供证言的证人自动享有证据使用豁免特权。[1] 第二种，为内部审核模式，即实质性的审核部门为本部门上级机构，而无需司法机构审查或者司法机构仅进行形式性审查，美国的正式豁免和非正式豁免皆属此类。美国正式"豁免令"轨道下，联邦层面需要检察官申请，先经过司法部副部长批准，然后向法院申请颁发豁免令，但法院仅进行形式性审核，只要形式合格，法院一般不得拒绝颁发豁免令。[2] 美国非正式豁免轨道下，审核机构与辩诉交易相同，需要上级检察官审核通过，之后法院同样仅进行形式性审查。第三种，为内外部审核相结合模式。在这种模式下，污点证人豁免的申请须先经过上级检察院批准，之后再经过法院的实质性审核，适用这种模式的主要是德国。德国针对恐怖犯罪污点证人的豁免，需要总检察长批准，并经过最高法院同意，层级高而内容审核严格。

笔者认为，我国《刑事诉讼法》规定的由最高人民检察院掌握审批权，即采取前述第二种内部审核模式，但大幅上提审批机构的级别，以达到严格控制污点证人豁免程序的使用，是科学合理的。首先，污点证人豁免是对检察官不起诉裁量权的运用，且属于非常规的运用，其合理性需要得到高级检察机构的认可。根据我国法律规定，一般情况下，若嫌疑人涉嫌犯罪都应当

---

[1] Lafave Wayne et al., *Criminal Procedure: Investigation* (second edition), West Academic Publishing, 2009, pp. 420~424.

[2] See U. S. Attorneys' Manual, "110-Statutory Authority to Compel Testimony", https://www.justice.gov/usam/usam-9-27000-principles-federal-prosecution, 2018年7月15日最后访问。

起诉，酌定不起诉权力一般仅在嫌疑人犯罪情节轻微不需要起诉时才得行使。对污点证人的不起诉显然不属于"犯罪情节轻微不需要起诉"，而属于为了较重要追诉的实现而不得已牺牲次要追诉，这种合理性需要检察官进行论证并得到高级检察院的严格审核，才能确保这种"非常规"的不起诉权不被滥用。其次，就程序控制的原理而言，提高审批主体的级别，疏远申请人员和审批人员之间的人际关系，拉开申请机构和审批机构之间的空间距离，确实可以使得审批的程序更为公正、客观和严格，避免受到人情因素的影响。最后，由检察系统进行内部审批，兼顾了辩诉谈判的专业性和保密性需要。由法院进行审批，法官并不了解辩诉谈判中污点证人豁免资格给予的具体判断标准，尤其是追诉权行使的轻重取舍。此外，法院与检察院分属不同系统，如由法院这种外部机构进行审批，泄密的可能性也更大。

（二）审查标准

各国和地区污点证人豁免的审查标准有诸多相似之处，但仍可以分为两种模式，即"完全符合模式"和"自由裁量模式"：

完全符合模式，以我国香港地区为典型，要求豁免污点证人之刑事责任，法律规定之诸项条件完全满足为给予豁免资格的必要条件，凡有任一条件无法满足，皆不得为刑责豁免。具体而言，污点证人豁免需符合下述几个条件：其一，从犯能够提供使被告人入罪的必需证据，且该证据无法从其他渠道获取；其二，从犯应受到的处罚远远小于将受到指控的共同被告人的处罚；其三，正在侦查中的犯罪极其严重或对香港地区的公共安全造成重大威胁。

自由裁量模式，以美国为典型，与美国检察官宽泛的起诉裁量权相适应，仅给检察官数个要素供其参考，由检察官综合考量诸要素以决定是否给予污点证人豁免资格，任一条件不满足并不必然导致污点证人豁免资格的丧失。《美国法典》第18章第6003条第b款规定，联邦检察官若认为豁免污点证人"对于实现公共利益而言是必须的"，即可申请豁免令。这一要求过于笼统，《美国联邦检察官手册》对这一标准进行了细化解释，给出了几个参考要素："其一，该调查或起诉对于刑法有效执行的重要性；其二，该证人提供的证言或信息对调查或起诉的价值；其三，该证人迅速和完全遵守强制命令的可能性，以及在其不遵守强制命令的情况下可使用之惩罚的有效性；其四，该证人在被调查或起诉之犯罪中的相关罪责大小，以及其既往犯罪记录；其五，在强制该证人提供证言前对其进行成功追诉的可能性；其六，若该证人遵照强制命令提供证言，在其身上发生不利附属后果的可能性。"〔1〕

我国污点证人豁免审查标准的模式选择，应适应我国国情，司法腐败案多发和起诉裁量权虚弱的现实，呼唤的是一种严格要求和有限适用的豁免标准。因此，笔者以为我国香港地区的"完全符合模式"更值得借鉴。污点证人豁免制度存在的合理性在于，司法机关通过放弃对污点证人一定的刑罚权，来换取指控其他犯罪成立的有力证据，实现国家刑罚权总量的最大化或者在最关键处的实现。因此，污点证人豁免适用的条件（审查的标准）应当包括以下几项：其一，所欲换取污点证人证明的指控应当是重要的。这里指控的重要性，可以指其影响的广泛性，比如在全市、全省乃至全国范围内属于有重大影响；可以指该指控刑法评价的严厉性，比如可能被判处刑罚在3年以上，属于刑法中典型的重罪；也可以指其符合刑事政策的优先性，比如在严厉打击司法腐败的政策之下，该污点证人的证言对于指证某法官收受贿赂具有关键意义。其二，该证人能够提供的证言是具有重大价值的。这主要指该证人提供的证言能够证明的某犯罪行为不为检控方所知，或者该证言细节具体、证明力强，或者能够根据证言找到其他定罪物证等。其三，该污点证人之证言对于检控方实现对关键被告人的追诉是必要的。即除去该污点证人的证言，检察官无法从其他渠道获取有效的定罪证据；离开该污点证人的证言，检察官的起诉很可能将无法获得成功。其四，该污点证人可能受到的处罚，与检察官想要其指证的被告人的处罚相比，要轻缓或者次要得多。以及，该污点证人没有或者几乎没有既往犯罪历史，即其不是一个惯犯，免除其刑罚不至于给社会制造更多的危险。

六、保障机制的确立

污点证人豁免制度的保障机制，在于确立豁免令所附加义务未被完全履行的情况下，污点证人需要承担的法律责任。违反后果缺失的法律规则，在

---

〔1〕 See U. S. Attorneys' Manual, "210-Decision to Request Immunity—The Public Interest", https://www.justice.gov/usam/usam-9-27000-principles-federal-prosecution, 2018年7月25日最后访问。

结构上是不完整的，在实践中是难以有效执行的。污点证人豁免与量刑减让的一大区别在于，污点证人豁免属于"事前"豁免，而量刑减让属于"事后"优惠。从程序先后的角度而言，污点证人之豁免资格的获得，先于其附加义务的履行（如实供述和指证他人等）。这就使得实践中容易出现污点证人获得豁免资格后，未能履行或者仅部分履行豁免令所附加作证义务的情况，此时就需要对污点证人的豁免资格进行撤销，或者以伪证罪和蔑视法庭罪追究其责任。

（一）豁免令未被遵守情况下的重新起诉

笔者支持的豁免模式为间接证据使用豁免模式，在这种豁免模式之下，满足特定条件时，检察官可以对污点证人证言所涉及的罪行，重新进行起诉。原则上讲，检察官的这种重新起诉是应当被避免和否决的，但当条件特殊时重新起诉可以被允许。比如，如果被告人未能及时、有效遵守豁免令所附加的义务条款，或者故意提供虚假证言，或者虽未出现前述两类情况但检察官基于公共利益的需要，都可以重新进行起诉。所谓公共利益的需要，主要是指检察官对污点证人的罪行轻重和犯罪中的主次地位出现了严重误判，以至于不起诉会严重影响公共利益的实现。典型情况为，在豁免令颁发前检察官误以为污点证人罪行很轻或者是在贿赂犯罪起诉中处于次要地位，但在经过一系列调查以及听取污点证人证言后，发现污点证人罪行十分严重或者在贿赂犯罪中处于主导和主要地位。

即使满足上述条件，检察官想要重启对于污点证人证言所涉罪行的起诉，也要受到程序和证据两个方面的严格限制。首先是程序限制，笔者建议，省级以下检察院的检察官要重新提起对污点证人所涉证言的诉讼，须经省级检察院批准；省级检察院的检察官要重新提起对污点证人所涉证言的诉讼，须经最高人民检察院批准。省级检察院或者最高人民检察院在决定是否批准时，应当对申请重新起诉的理由进行实质性审核，只有在理由充分且确有必要时才可通过。其次是证据限制，检察官若要起诉污点证人之证言所涉罪行，需证明定罪证据系来自"合法而独立的来源"，而非直接或间接来自污点证人的受豁免证言。也就是说，不仅是污点证人的证言不可作为对其不利的证据，根据污点证人证言找到的其他物证也不得作为对污点证人不利的证据。

（二）伪证罪的修改与蔑视法庭罪的设立

对污点证人所涉证言重新提起诉讼，不仅启动条件苛刻，更受到审核程序和证据使用两方面的严格限制，并不容易获得成功。实际上，如果污点证人在获得豁免令授予的豁免资格后，出现不遵守豁免令附加义务条款拒绝回答问题或者提供证言为虚假的话，检察官可以通过限制更为宽松的方式追究污点证人的责任，即起诉其伪证罪或蔑视法庭罪。伪证罪和蔑视法庭罪是与污点证人豁免制度相匹配的。在司法机关已经允诺不以污点证人证言及其衍生证据作为对其不利证据的情况下，污点证人的沉默权被打破，开始承担如实作证的义务。如果污点证人在法庭上拒绝作证，那么就应当按蔑视法庭罪对其进行追诉和处罚；如果不如实作证，就应当按照伪证罪对其进行处罚。

适用豁免令制度的各个国家和地区均规定，污点证人如拒绝回答问题或者故意提供虚假证言，检察官可以以伪证罪或蔑视法庭罪对其进行起诉。美国污点证人在获得豁免令以及大陪审团的要求提供证言传票后，如果拒绝前往大陪审团处提供证言或者虽然前往但保持沉默，那么其可能会被依照蔑视罪起诉并监禁，或者被处以罚金（按其拒绝前往大陪审团处作证的天数累积计算）。此外，大陪审团还有权要求证人在提供证言前结誓，结誓后，如果证人提供虚假证言，检察官有权以伪证罪起诉证人。而一般情况下，证人在警局提供虚假证言并不会被以伪证罪起诉。英国 SFO 在给予污点证人豁免资格并进行强行讯问后，在特定条件下进行三类起诉：①无"正当理由"不按 SFO 要求回答问题或者提供文件，可处监禁或罚金。任何人无"正当理由"按 SFO 所提出要求回答问题或者提供文件，即构成犯罪。[1]②任何人收到 SFO 所提出回答问题的要求后，故意或者鲁莽地提供虚假证言，即构成犯罪。[2]③任何人提前知晓 SFO 将就某罪行展开侦查，而故意提前藏匿、伪造、破坏证据或者对此类行为负责或仅仅允许此类行为发生的，即构成犯罪。[3]澳大利亚新南威尔士州廉政公署有权组织公开或非公开质询会，证人在质询会上享有证据使用豁免权但仍可能在特定条件下被追究特定刑事责任。如果证人违背廉政公署命令出现在不该出现的质询程序中，将构成犯罪，最多可判处

―――――――――――

[1]《英国1987年刑事司法法》第2条第（13）款。
[2]《英国1987年刑事司法法》第2条第（14）（15）款。
[3]《英国1987年刑事司法法》第2条第（16）（17）款。

50个单位[1]的罚金或者 12 个月的监禁，或两罚并处。如果证人无正当理由违背廉政公署命令，未能按要求出席质询程序、结誓、回答问题或者停供文档和物证，即构成犯罪，最多可处 20 个单位的罚金或 2 年的监禁，或两罚并处。如果证人在明知的状态下停供虚假或误导性的证言，则构成犯罪，最多可处 200 个单位的罚金或 5 年的监禁，或两罚并处。其他行为如故意毁坏物证、伪造物证、阻止证人作证、伤害证人等均构成犯罪，最高可处 200 个单位的罚金或 5 年的监禁，或两罚并处。[2]

---

[1] 澳大利亚刑罚中罚金表述为多少个单位（unit）的罚金，各州每个单位罚金代表数额不等，新南威尔士州每个单位罚金代表 110 美元，载 http://www.bainbridgelegal.com.au/Resources/Fines-and-Penalty-Units-in-NSW.html，2018 年 8 月 30 日最后访问。

[2] 《澳大利亚新南威尔士 1988 年廉政公署法》第 85、86、87、88、89、90、91、92、93、94 条。

第七章
职务犯罪调查中普通调查措施的适用

一、职务犯罪普通调查措施的体系

（一）普通调查措施和特殊调查措施的法定种类

根据《监察法》的各项规定，监察机关有权采取的职务犯罪调查措施主要有13种，包括谈话、讯问、询问、查询、冻结、调取、查封、扣押、搜查、勘验检查、鉴定、留置和技术调查措施。以干预公民权利的程度和类别、法律规制的严格程度以及调查措施的适用频率为标准，可以将这13种调查措施分为普通调查措施和特殊调查措施两类。

第一类为普通调查措施，包括谈话、讯问、询问、查询、冻结、调取、查封、扣押、搜查、勘验检查和鉴定11种调查措施。①谈话。《监察法》第19条规定，对可能发生职务违法的监察对象，监察机关按照管理权限，可以直接或者委托有关机关、人员进行谈话或者要求说明情况。②讯问。《监察法》第20条第2款规定："对涉嫌贪污贿赂、失职渎职等职务犯罪的被调查人，监察机关可以进行讯问，要求其如实供述涉嫌犯罪的情况。"③询问。《监察法》第21条规定："在调查过程中，监察机关可以询问证人等人员。"④查询。《监察法》规定，监察机关有权查询涉案单位和个人的存款、汇款、债券、股票、基金份额等财产，有权向赃款赃物所在国请求查询涉案财产，有权查询涉案人员进出国（境）和跨境资金流动情况。⑤冻结。《监察法》第23条规定，监察机关有权冻结涉案单位和个人的存款、汇款、债券、股票、基金份额等财产。冻结的财产经查明与案件无关的，应当在查明后3日内解除冻结，予以退还。⑥调取。监察机关有权依法向有关单位和个人了解情况，收集、调取证据。有关单位和个人应当如实提供。采取调取措施，应当会同持有人或者保管人、见证人，当面逐一拍照、登记、编号，开列清单,由在场人员当场核对、签名,并将清单副本交财物、文件的持有人或者保管人。对调取的财物、文件,监察机关应当设立专用账户、专门场所,确定专门人员妥善保管,定期对账核实,不得毁损或者用于其他目的。价值不明物应及时鉴定,专门封存保管。⑦查封。监察机关有权查封用以证明被调查人涉嫌违法犯罪的财物、文件和电子数据等信息。查封相关证物时,应当收集原件,会同持有人或保管人、见证人,拍照、登记、编号,开列清单,由在场人员核对、签名,并将清单副本交财物、文件的持有人或者保管人。查封的财物和文件应当保存于监察机关专门设立的场所,由专项资金维持运营,并安排专门人员妥善保管。经查明查封财物和文件与案件无关的,应当在3日内解除查封,予以退还。调查人员采取查封措施,应当出示证件和书面通知,由2人以上进行,形成笔录、报告等书面材料,并由相关人员签名、盖章,查封时应进行全程录音录像,留存备查。⑧扣押。《监察法》对于扣押措施的规制,与查封措施完全相同。⑨搜查。《监察法》第24条规定,监察机关有权搜查与职务犯罪相关的人身、物品、住所和其他有关地方,搜查时应当出示搜查证,并有被搜查人或者其他家属等见证人在场。搜查女性身体,应由女性工作人员进行。监察机关进行搜查时,可提请公安机关配合。⑩勘验检查。监察机关可指派专门人员在调查人员主持下进行勘验检查。勘验检查情况应当制作笔录,由参与勘验人员和见证人签名或盖章。调查人员进行勘验检查时,应出示证件,出具书面通知,由2人以上进行,形成笔录、报告等书面材料。⑪鉴定。对于案件中的专门性问题,监察机关有权指派、聘请专门人士进行鉴定。鉴定人进行鉴定后,应出具鉴定意见并签名。

第二类为特殊调查措施,包括留置措施和技术调查措施。①留置。对于涉嫌职务违法或者职务犯罪的嫌疑人,监察机关有权将其留置在特定场所,这也是监察机关唯一有权采取的长期性羁押措施。②技术调查。对于重大贪污贿赂等职务犯罪,在经过严格批准手续的情况下,监察机关可以采取技术调查措施,按照规定交有关机关执行。

(二)普通调查措施和特殊调查措施划分的理论标准

1. 干预公民权利的程度和类别

区分普通调查措施和特殊调查措施的最重要标准,在于判断该措施干预公民权利的程度和类别。特殊调查措施，干预公民权利的程度大，强制程度高，且被干预的公民权利类型多为基本的人身自由权和隐私权；普通调查措施，干预公民权利的程度小，强制程度低，被干预的公民权利类型主要为财产权和身体权（检查身体等）。

普通调查措施，如勘验检查和查封扣押，强制程度相对较低，不仅负责查办犯罪的机构有权采取，负责处理民事和行政法律关系的机构同样有权采取相似的措施。从这一意义而言，此类措施并非仅适用于刑事领域，其刑事特殊性并不突出，仅属于一般的调查措施。而特殊调查措施，如留置措施和技术调查措施，强制程度高，原行政监察机关无权采取，若调查对象仅涉嫌轻微违纪违法也不宜采取此类措施，具有刑事调查的专属性和特殊性。

2. 法律规制的严格程度

普通调查措施由于强制程度较低，被干预的公民权利类型也并非基本类型，因此法律规制的严格程度较低，适用程序较为简略，被调查人权利保障相对较少。而特殊调查措施如留置措施和技术调查措施，相对于普通调查措施受到的法律规制更严格，适用程序更复杂，被调查人权利保障比较到位。两者的区别集中表现为：

第一，适用对象不同。特殊调查措施一般针对涉嫌重大职务犯罪的嫌疑人。如《监察法》第28条明确规定，只有调查涉嫌重大贪污贿赂等职务犯罪，才能适用技术调查措施。留置措施由于审批程序严格而且执行成本高昂，实践中也仅针对严重职务犯罪案件嫌疑人。而普通调查措施则可广泛用于涉嫌一般职务犯罪、职务违法和违纪的公职人员。尤其是谈话措施，其为纪律检查机关所享有，可以同时针对职务违纪、违法和犯罪的公职人员适用，对象极为宽泛。

第二，审批程序的严格程度不同。特殊调查措施如技术调查措施，《监察法》虽未作详细规定，但强调其适用须以"经过严格的批准手续"为前提。采取留置措施，应当由监察机关领导人集体研究决定，且设置了严格的级别限制：设区的市级以下监察机关应当报上级监察机关批准适用留置措施，而无权自行决定适用。普通调查措施如勘验检查措施，适用程序简略，无需经过上级机关批准或者本级机关的严格审核，可以由调查人员自行决定是否采取。

第三,被调查人权利保障的细致程度不同。特殊调查措施如留置措施被采取后,一般要保障被调查人的通知家属权利、饮食休息权利和获得医疗服务权利。而普通调查措施,则无此类细致规定,如查封或扣押措施采取后,仅规定调查人员需将查封或扣押清单副本交财物、文件的持有人或保管人,即仅需保障其知情权。

3. 调查措施的适用频率

总体而言,普通调查措施的适用频率,要明显高于特殊调查措施的适用频率。主要基于以下原因:

第一,受最少侵害原则的限制,对于强制程度更高、侵犯公民权利更重的调查措施,应当尽可能减少使用。所谓最少侵害原则,通常指追求"最少不良作用",[1]以及使用"最温和手段"。普通调查措施的使用,侵害公民权利程度较轻,在同样可以解决调查难题的情况下,应当优先选用。特殊调查措施,侵害公民权利程度较重,根据最少侵害原则的要求,除非侵害公民权利程度更轻的普通调查措施无法解决调查难题,才应该考虑使用此类调查措施。

第二,审批程序的繁琐和苛刻,限制了特殊调查措施的适用范围。为了防止严厉的特殊调查措施被滥用,《监察法》设置了相对严格的审批程序。特殊调查措施的申请程序复杂、漫长和繁琐,使得调查人员基于调查便利原则的考量,更倾向于选用普通调查措施来解决问题。

第三,特殊调查措施有被滥用的隐忧,社会舆论和党内风评对此类措施多有顾虑,这使得调查机关倾向于少使用甚至不用此类措施。最为典型的是技术调查措施。我国曾长期禁止对党员干部进行技术调查,直至如今仍十分忌讳在职务犯罪领域采取技术调查措施。

二、职务犯罪普通调查措施存在的问题及改进

(一)谈话措施

谈话这一调查措施,并非源自《刑事诉讼法》《行政监察法》(已失效)或者《行政监察法实施条例》(已失效),而是源自1994年的《中国共产党

---

[1] 城仲模:《行政法之基础理论》,三民书局1988年版,第113页。

纪律检查机关案件检查工作条例》。该条例第 25 条规定,"调查开始时,在一般情况下,调查组应会同被调查人所在单位党组织与被调查人谈话,宣布立案决定和应遵守的纪律,要求其正确对待组织调查,调查中,应认真听取被调查人的陈述和意见,做好思想教育工作"。根据该条例的规定,谈话措施的适用对象包括被调查人和证人(第 25 条和第 29 条),实施这项措施的主要目的是教育被调查人,端正其态度,使其配合纪委调查工作。总体而言,谈话措施不属于强制性调查措施,其并没有强制要求谈话对象必须参加,也没有于谈话期间限制被谈话人的人身自由。但实践中,谈话措施又具有一定的强制性,被谈话人基本没有拒绝谈话的权利。

相比于讯问和询问措施,谈话措施具有如下特点:其一,适用对象更广泛。讯问仅适用于嫌疑人,询问适用于证人和被害人。但谈话措施,不仅可适用于嫌疑人,也可适用于证人。其二,讯问和询问带有较为纯粹的刑事调查意味,只是为了查明犯罪事实。而谈话措施,不仅为了查明职务犯罪(或违法违纪)事实,也为了对被谈话人进行思想教育,更突出思想改造和教育功能。其三,谈话措施的程序规制更少。可以说,谈话措施几乎没有明确的规制性规定,关于谈话措施的现有规定都是授权性的,既不要求同步录音录像,也没有限制最长谈话时间等。

谈话措施的这种适用范围广、限制条件少的特征,使得其存在被滥用的可能。为此,有学者提出,应当将这种调查措施视为《刑事诉讼法》中的讯问或询问措施,适用谈话措施应当受到《刑事诉讼法》关于讯问或询问之条款的限制。这种观点认为,不应区分谈话与讯问或询问。对涉嫌违纪违法或犯罪的公职人员进行谈话的,一律视为讯问,应遵守《刑事诉讼法》对讯问人员、人数、时间、地点、步骤、方法,以及录音录像的规定。对证人进行谈话的,比照《刑事诉讼法》对询问的地点、人数、步骤、方法、询问笔录制作等规定进行。[1]

从长期来看,笔者同意前述观点。但从短期来看,前述改革建议难以实施。前述改革建议,无异于强调应当将谈话措施取消,而分拆为《刑事诉讼法》中的讯问和询问措施。谈话措施被写入《监察法》,作为一种与留置措

---

[1] 刘玫:"论监察委员会的调查措施",载《学习与探索》2018 年第 1 期,第 64 页。

施相衔接的带有讯问性质的措施，具有政府不愿割舍的实用性价值。谈话措施适用对象的广泛和执行方式的灵活，使得其成为一种被依赖的重要调查措施。笔者认为，相对可以接受的改革方案，是保留谈话措施，并且不受《刑事诉讼法》约束，但将这种措施的适用阶段放到立案前，作为一种对于违纪违法行为的初步调查措施。一旦初步调查结束认为被调查人涉嫌职务犯罪，进行立案之后，谈话措施就不再适用，而是转而适用受《刑事诉讼法》制约的讯问和询问措施。

（二）冻结、查封、扣押和搜查措施

冻结、查封、扣押和搜查（对特定场所）措施，属于典型的对物强制措施。职务犯罪调查中，此类措施并非主要和关键的突破性措施。职务犯罪调查取得突破，主要依靠的是对人的强制措施，尤其是灵活而严厉的羁押性措施。既然不是赖以破案的关键措施，《监察法》规定的冻结、查封、扣押和搜查措施也就与《刑事诉讼法》规定的冻结、查封、扣押措施没有内容上的实质区别。

《监察法》对职务犯罪中的冻结、查封、扣押和搜查（对特定场所）措施的规定，存在以下两个问题：一是法律规定过于简略的问题。前文已述，《监察法》用寥寥数条对这几项调查措施作出了限制性规定，而其中尤其缺乏对操作细节的详细规定，且目前尚未出台《监察法》相关解释，由此导致操作性规范严重不足。对比《刑事诉讼法》，其用几个小节数十条法律条文来完成对这类调查措施的规制，较为详细可操作。二是重复立法的问题。《监察法》规定的这几项措施，实质权力内容与《刑事诉讼法》规定的没有区别，连称谓都完全相同，没有重复立法的必要。

为此，笔者建议，直接规定：监察机关适用冻结、查封、扣押和搜查措施的，应直接援引《刑事诉讼法》的相关规定。

（三）调取措施

调取措施，相比前述普通职务犯罪调查措施，具有相当的独特性。《行政监察法》（已失效）和《中国共产党纪律检查机关案件检查工作条例》均没有规定这种调查措施。《刑事诉讼法》虽然规定了这种措施，但并未将其作为一种调查措施单独设一节规定于"侦查"或者"强制措施"章下。根据《刑事诉讼法》的规定，公安机关、检察机关、法院和辩护人都有权采取调查措施，调取相关证据。可以说，这种调查措施过去并未受到重视，甚至一直没有被作为一种独立的调查措施对待。《关于在北京市、山西省、浙江省开展国家监察体制改革试点方案》的出台改变了前述情况，该方案第2条规定，"监察委员会可以采取谈话、讯问、询问、查询、冻结、调取、查封、扣押、搜查、勘验检查、鉴定、留置等措施"。可见，这一规定明确将调取措施列为独立的调查措施。

1. 调取措施的特点

与其他调查措施相比，调取措施特点鲜明：其一，作为一种获取证据的手段，其具有间接性。根据《监察法》的规定，监察机关有权向有关单位和个人调取证据，有关单位和个人应当如实提供。相比于搜查、扣押等直接由监察机关调查人员对证据进行获取和处分，无须当事人配合的措施，调取措施更强调相关单位和个人的配合。监察机关向有关单位和个人发出通知或者当面告知，要求其按照要求提供证据。立法规定收到通知或要求后，有关单位和个人应当按要求提供相关证据，这是一项义务性的要求，但实践中该措施的实施仍然依赖单位和个人的主动配合，而非依赖监察机关的直接执行。其二，作为一种调查措施，其具有柔和性。调取措施并非一种依靠强制执行手段来实现调查目的的措施，它需要依靠有关单位和个人的主动配合。如果有关单位和个人不配合，那么调取措施即会以失败告终，调查人员可能会进一步选择搜查、扣押等措施来获取证据。其三，作为一种获取物证的方式，其具有较强的秘密性。搜查、扣押等措施由调查人员到现场后公开进行，一旦正式实施，容易惊动未被逮捕的嫌疑人，导致其他证据被隐藏或毁灭。而调取措施却可以采用秘密的方式进行，由相关单位和个人接到通知后，将相应物证按要求在指定时间内上交到指定地点。

2. 调取措施的优势

相较于搜查措施，调取措施具有如下优势：其一，对被调取证据的单位和个人影响更小。搜查采取公开方式进行，不可避免地会招致围观，或者为周围单位或群众所知悉。在我国，卷入刑事调查之中，难免会对单位和个人的声誉造成影响，这种不利影响很难通过当事人的对外解释来消除。此外，对单位的强制性搜查，如翻箱倒柜和清理现场，都会干扰单位正常的生产经营秩序，造成经济损失。其二，调取证据的秘密性更强。搜查采用公开的方式进行，目击者众多，借由坊间舆论的传播，容易惊动嫌疑人，诱发其逃窜或者毁灭证据。其三，调取证据可以多线进行。监察机关可以发通知要求多个单位和个人从数个地点同时寻找证据，并按照通知要求整理完毕后交给监察机关，这是一般搜查所不具有的优势。其四，调取措施的执行成本更低。与搜查措施需要出动众多警力不同，调取措施只需向有关单位和个人下发通知，要求其主动上交，无需调查机关亲自执行，节省人力成本。

3. 调取措施的比较研究

考察域外国家和地区职务犯罪的调查措施，一般都有设置类似"调取"的措施，且此类措施已经成为重要的职务犯罪调查措施：

澳大利亚新南威尔士州廉政公署调查人员有权要求个人提供文档或物品。廉政公署调查人员出于实现"调查目的"的需要，有权以书面通知的方式，要求公民个人（无论其是否具有公职身份），在特定时间出现在特定地点，向特定的调查人员交付特定的文档或者物品。要求提供文档或者物品权力针对的对象，明显比要求提供信息权力针对的对象要宽泛，某种意义上表明立法者倾向于鼓励廉政公署通过获取实物证据而非言词证据定罪。[1]

马来西亚反贪污委员会调查人员若认为某文档、物品、账目记录等是对调查某职务犯罪有帮助的，那么其有权要求保有人在指定的时间内将该文档或物品等上交给侦查人员。虽然法律并未明确规定监禁时长或罚金数额，但仍将无正当理由违背调查人员前述调查要求的行为定性为犯罪。[2]

美国大陪审团有权要求证人或者第三方提供特定物证、书证。大陪审团有权签发传票，要求证人或者第三方（如银行和会计师事务所）提供特定证据、记录或文件。相比于普通的搜查令，大陪审团签发此种传票条件更宽松，一般的警察搜查令需要满足"合理根据"（probable cause）的证据标准才能得到法庭授权，而大陪审团签发传票要求提供证据，却无此证据标准的要求。大陪审团可以基于对违法行为已经产生的怀疑，甚至仅仅是为了确保违法行为确实没有发生，而要求特定人或机构提供特定物证和书证，并且要

---

[1] 《澳大利亚新南威尔士1988年廉政公署法》第22条。
[2] 《马来西亚2009年反贪污委员会法令》第30条。

求提供的证据只需"可能"与案件侦查相关即可。[1]大陪审团可以传票要求证人或第三方从数个地点寻找证据,并将证据按照传票记载的要求整理完毕后交给大陪审团,这也是一般警察搜查所不具有的优势。此外,通过签发传票要求提供特定证据,不用翻箱倒柜、清理现场,对于提供证据者日常工作造成的影响最小。此外,相较于搜查令搜集证据,大陪审团传票收集证据的秘密性更强,一般是完全不为外界所知的。而在搜查令的执行过程中,目击者众多,容易导致侦查信息外泄,惊动嫌疑人。

在新加坡,如果在贪污调查局内级别不低于警卫官(sergeant)的警官(或贪污调查局调查员)认为某文件或者物品(不包括在邮政当局保管之下的文件或物品)对于犯罪的侦查是"必须的"或者"有价值的",那么其无须经过司法授权,即可向保有该文件或物品之人发出书面命令,要求其在指定的时间和指定的地点将该文件或物品交到调查员手中,或者要求其允许调查员前去查看文件或物品。如果该文件或物品是在金融机构或金融公司的保管之下,那么只有级别不低于巡官(inspector)的警官才有权力要求对方提供。如果该物品或文件正处于邮政当局的保管之下,那么只有检察官才有权力要求邮政当局提供。[2]《新加坡刑事诉讼法》并未给未能履行前述命令的当事人附加监禁或者罚款的惩罚条款,因此虽然侦查方的这项权力行使条件极为宽松,但附加的不利后果并不严厉。

在英国,反严重欺诈办公室(SFO)有权采用书面通知的形式,要求嫌疑人或者其他人在指定时间到达指定地点,提供特定的"文件"。[3]对于由

---

[1] United States v. R. Enterprises, 498 U. S. 292 (1991). 在此案中,大陪审团发传票要求两家公司提供特定书目、记录和录像。两家公司以大陪审团要求提供的证据与案件调查无相关性向巡回法庭起诉,后又诉至联邦最高法院。联邦最高法院支持了大陪审团的传票,并在判决书中写道:"大陪审团在我国的刑事司法系统中占据着特殊的地位。它是一个负责决定一项犯罪是否已经发生的侦查机构……大陪审团'有权基于法律已经被违反,或者仅仅是为了保证法律没有被违反而进行侦查。大陪审团有权调查所有可能与案件有关的信息,直到其确定某项犯罪已经发生或者确实没发生。'"但是在此案中,联邦最高法院也表明,虽然不要求大陪审团证明其传票要求提供之证据与案件事实具有相关性,但如果传票要求提供的证据是"不合理且严苛"的,法庭有权否决大陪审团的传票。

[2] 《新加坡刑事诉讼法》第20条。

[3] 《英国1987年刑事司法法》第2条仅规定了反严重欺诈办公室有权让嫌疑人或其他人提供"document",而没有规定可以要求提供"item",这一点与其他国家的专门反腐机构规定不同。从纯文义解释的角度来看,这意味着反严重欺诈办公室仅有权要求提供"书证",而无权要求提供"物证",权力范围受到极大限制。

此方式得到的文件，SFO 非警察雇员有权进行复制和摘录，并要求提供者就文件中的任何内容作出解释。如果被签发通知者无法按要求提供文件，SFO 非警察雇员有权要求该人告知该文件最有可能被存放的地点。[1]

4. 我国监察机关调取措施尚需改进之处

虽然《关于在北京市、山西省、浙江省开展国家监察体制改革试点方案》已经将调取措施作为一种独立的调查措施，但与各国和地区职务犯罪调查机构所拥有的物证调取措施相比，这种调查措施的具体内容仍然过于单薄。对该项措施的长期轻视及规范的不完善，使得其具体执行的过程中仍然暴露出诸多问题：

第一，启动条件不明确。我国《监察法》仅规定，监察机关行使监督、调查职权时，有权使用调取措施，除此之外，并未规定调取措施的具体启动条件。考虑到监察机关的监督事项极为宽泛，调查对象包括违纪、违法和犯罪行为，而监督和调查职权都属于极为宽泛的职权。可以说，监察机关使用调取措施，启动条件是极为随意的。在美国，大陪审团可以基于对违法行为已经产生的怀疑，甚至仅仅是为了确保违法行为确实没有发生，而要求特定人或机构提供特定物证和书证，并且要求提供的证据只需"可能"与案件侦查相关即可。[2]在新加坡，贪污调查局调查员认为某文件或者物品（不包括在邮政当局保管之下的文件或物品）对于犯罪的侦查是"必须的"或者"有价值的"，即可要求相关单位和个人提供该文件或物品。总体而言，各国和地区职务犯罪调查中使用的调取措施，启动条件虽不严苛，但较为明确。我国调取措施的启动条件则缺乏明确规定。

第二，执行程序缺乏规定。我国《监察法》并未规定调取通知书的审批程序、出具形式和具体内容。澳大利亚新南威尔士州廉政公署调查人员出于实现"调查目的"的需要，可自行以书面通知形式，要求公民个人在特定时间出现在特定地点，向特定的调查人员交付特定的文档或者物品。美国大陪审团在检察官请求下，有权签发传票，要求单位和个人提供任何与调查相关的文件和物品。在新加坡，贪污调查局内级别不低于警卫官的官员，有权要求单位和个人，在特定时间到特定地点，上交特定的文件和物品。

---

[1]《英国 1987 年刑事司法法》第 2 条第（3）款。

[2] United States v. R. Enterprises, 498 U. S. 292 (1991).

第三，缺乏附加的不利后果。各国和地区对于职务犯罪调查机关的调取物证措施，大多附加了刑事的不利后果，即单位和个人故意拒不执行或者忽视职务犯罪调查机关的调取物证要求的，构成犯罪，将面临罚金或监禁处罚。我国《监察法》仅规定"有关单位和个人应当如实提供"，而并未附加规定任何不利后果。缺乏法律后果的条款，是不完整的，也是难以有效执行的。

第四，例外情况的规定不明。这一问题主要指向调取措施实施过程中的法律职业豁免问题。监察机关有权要求税务、邮政和金融机构提供与调查相关的文件和物品。但监察机关是否有权要求律师提供其客户的相关业务记录和录音等，《监察法》并未明确规定。

5. 我国监察机关调取措施的完善

第一，应当明确调取措施的启动条件。从限制权利的内容来看，调取措施限制的是财产权利而非人身权利。从执行的强制程度而言，调取措施强调有关单位和个人的主动配合，而非调查机关的强制执行。因此，调取措施的强制性程度，比留置措施低，也比搜查措施低。而强制程度越低，受到的程序性约束也应该越宽松。根据《监察法》的规定，搜查措施的适用对象为"涉嫌职务犯罪的被调查人以及可能隐藏被调查人或者犯罪证据的人的身体、物品、住处和其他有关地方"。就搜查某场所获取物证而言，前述规定的约束用语为"可能隐藏犯罪证据"。就法律规定的体系协调完整角度而言，调取措施的启动条件不应当严于搜查措施。对此笔者建议《监察法》明确规定，只要调查人员怀疑某证据（文件和物品）与案件调查相关，且该证据可能储藏在有关单位和个人处，即可要求该单位和个人提供相应文件和物品。

第二，应当规范授权程序和执行程序。从各国家和地区的立法情况来看，一般允许职务犯罪调查机关进行内部授权，允许调查人员执行此类措施。调取措施虽然强制程度并不高，但毕竟干预了有关单位和个人的财产权利，由上级领导授权适用调取措施，可以防止此类措施被滥用。因此，笔者建议调查人员使用调取措施，应当以得到本部门正职或者副职领导人的授权为前提，方得实施。具体的执行程序为，调查人员应当向本部门正职或者副职领导人提交申请书，注明需要调取证据的单位和个人，以及对该单位和个人于特定时间内到特定地点上交特定的文件或物品的要求。监察机关正职或者副职领导人在该申请书上签字并加盖机关印章后，调查人员可以凭借该申请书（授权书），执行调取措施，且执行时应当向被执行人出示该授权书。

第三，未附加相应法律后果，可能导致调取措施执行困难。各国家和地区类似调取的职务犯罪调查措施，一般都附加了法律性后果。在美国，收到大陪审团传票要求提供特定文件和物品的单位和个人，若拒绝提供，可能会被大陪审团追究蔑视法庭罪，处以罚金或监禁。在英国，无"正当理由"不按反严重欺诈办公室要求提供文件，即构成犯罪并可被判处最长6个月的监禁或单处罚金，或两者并处。[1]笔者建议，《监察法》可规定，对于无正当理由拒不执行监察机关调取命令的单位和个人，可处6个月以下拘役或者罚金，或两者并处。

第四，没有规定调取措施执行的例外情况，主要是指涉及法律职业特权时，被调查人有权拒不执行。援引法律职业特权而拒绝提供相应文件，在英国和澳大利亚都属于正当事由。但具体如何界定，则较为复杂。法律职业特权的范围并不局限于律师和客户的相互对话或书信往来，还包括了特定情况下产生和收集的信息。[2]法律职业特权被分为法律建议特权和法律诉讼特权两种。法律建议特权保护律师和客户之间以给出和接受法律建议为目的而产生的对话、通信和文件。法律建议特权的内容不仅包括告诉客户法律是如何规定的，还包括建议客户如何在相应的法律文件框架下谨慎地和理智地行事。[3]法律诉讼特权则涵盖了所有以诉讼为目的的对话、通信和文件。要成为法律诉讼特权保护的对象，必须同时具备三个要素，即诉讼必须是已经或者正准备进行的，对话或通信必须主要是为了应对诉讼而进行的，以及诉讼必须是对抗性的，而非侦查性的或者探究性的。[4]因为许多法律建议是在准备诉讼的过程中由律师给客户的，因此法律建议特权和法律诉讼特权的保护对象很容易产生重合部分。并不是所有律师拥有的文件，都可以落到法律职业特权的保护范围之内，一些文件如交易记录和产权转让文件等，就不属于法律职业特权的保护范围。只有出于寻求或接受法律建议而产生的对话、通

---

[1]《英国1987年刑事司法法》第2条第（13）款。

[2] Akai Holdings Ltd v Ernst & Young [2009] 2 HKC 245.

[3] Balabel v Air India [1988] 1 Ch 317.

[4] Three Rivers District Council v Bank of England (No 6) [2005] 1 AC 610.

信和文件才会因法律职业特权而受到保护,在界定法律职业特权的保护范围时,必须围绕这个目标来进行。不仅是"目标"上有限制,在"内容"上还要求必须包含相关的法律性内容(relevant legal context)才能受到保护。如果"一个律师成了客户的'商业伙伴',一些律师确实是这样,负责给客户各种商业相关的建议,包括投资政策、金融政策和其他商业事项,这些建议可能缺乏相关的法律性内容",那么,这些律师建议就不会受到法律职业特权的保护。[1]法官建议将判断是否包含"法律性内容"的过程分解为两个阶段:第一阶段,法官判断律师给的这些建议是否与权利、责任、义务或救济等公法或私法的内容相关,如果不相关则不受法律职业特权保护。如果相关的话便进入第二阶段,法官判断这一对话、通信是否落在强调法律职业特权保护的正当性的政策范围内。之所以强调法律职业特权保护的对话、通信必须包含相关的法律性内容,是为了避免客户把律师当成"保险柜",认为只要把文件送到律师那里,就可以规避侦查。法律职业特权虽然与律师相关,却是一项实实在在的属于当事人的权利,当事人有权在任何时间和地点选择放弃这项权利。如果当事人选择放弃这项权利,则其不能在之后的诉讼程序中主张恢复这项权利,因为之前法律保护特权针对的通信和文件的保密性已经被放弃,内容已经被披露。当然,当事人对于法律职业特权保护的放弃,必须是"清醒的"(conscious)和"明确的"(clear)。此处也有犯罪与欺诈的例外情形。如果律师故意参与了犯罪或者欺诈罪行,或者律师在不知情的情况下给出的建议助推了犯罪或罪行,或者第三方利用律师的客户来实现自己的犯罪目的,并且律师给客户的建议是为了犯罪的实施或者助推了这种犯罪的话,那么,律师与客户间的这种对话、通信是不受法律职业特权保护的。[2]法律职业特权仅保护律师与当事人之间的通常对话内容,而以犯罪为目的或对犯罪形成助推作用的对话显然并不属于"通常"的对话内容。就证明标准而言,仅仅是简单地怀疑律师和当事人之间的对话是为犯罪实施或助推犯罪而为,并不足以推翻法律职业特权的保护,侦查人员或检察官需要提出初步可信的证据来证明这一点,并提起正式的指控或启动其他诉讼程序,

---

[1] Three Rivers District Council v Bank of England (No 6) [2005] 1 AC 657.

[2] Ian McWalters, *Bribery and Corruption Law in Hong Kong* (third edition), Lexis Nexis, 2015, p. 534.

将律师与当事人之间的可疑对话作为证明犯罪或罪行的证据的一部分。[1]如果一方提出律师与当事人之间的对话、通信是为实施或推进犯罪而进行的，那么法官有权查看被怀疑的文件，以确定是否确实如此。[2]有两个判决结果相反的案例较具代表性。在 Wong Hung Ki 案中，廉政公署侦查人员秘密窃听并录音了之前已经被豁免的证人与两名律师的谈话，并在录音结束后听了录音内容。之后，该证人被地区法庭判决有罪，理由是其向公务人员行贿以及共谋篡改账本。在地区法庭，该证人提出廉政公署对于其和律师的谈话的录音属程序违法，请求暂停庭审，但被地区法庭驳回。被定罪后，该证人向上诉法庭提起上诉，上诉法院认为廉政公署恣意而傲慢地介入律师与该证人的谈话，侵害了法律职业特权，属于程序滥用。该行为不仅伤害了该证人获得公正审判的权利，也伤害了该证人的同案犯获得公正审判的权利，因此决定对该证人及其同案犯的庭审程序进行永久性的终止。[3]而在 Ko Kit 案中，被告人因违法配送香烟行为，所在商业大楼已经被廉政公署监控了一段时间。这个时候，被告人与律师见面商谈，其内容被廉政公署录了下来。被告人同样以法律职业特权被侵犯，公正审判的权利得不到保障为由提出上诉，请求上诉法院中止诉讼程序。上诉法院认为，廉政公署的录音行为缺乏"恶意"，因为在被告人寻求法律建议前许久技术侦查就已经开始了，与律师会见的谈话被录下来是因为指挥系统的混乱和失败，而且录下与律师会见的谈话之后技术侦查就被中止了，廉政公署事前采取了本应当可以避免侵害法律职业特权的措施，虽然最终仍然没能避免对会见律师谈话内容的录音，但缺乏明显的"恶意"，应当认为仍然是"善意"的。因此，法官驳回了被告人的请求。[4]此外，如果廉政公署取得了某处所的搜查令或者在逮捕嫌疑人时搜查其处所，嫌疑人声称某些文件受到法律职业特权的保护，那么廉政公署人员能否扣押这些文件呢？答案是肯定的。在英格兰和威尔士，自 2000 年起，实践中逐渐采用了一种新的方法来解决这种大量的声称受到法律职业特权保护文件的判定问题，即安排中立的律师参与搜查过程，负责判断相关文

---

[1] Pang Yiu Hung Robert v Commissioner of Police [2002] 4 HKC 579.
[2] R v Governor of Pentonville Prison, ex parte Osman [1989] 3 All ER 701.
[3] HKSAR v Wong Hung Ki& Anor [2010] 4 HKC 118.
[4] HKSAR v Ko Kit [2010] 6 HKC 181.

件是否确实受到法律职业特权的保护。这些中立的律师一般受到警察的信任,但并不属于警署雇员,具有独立执业的身份。然而,这种做法目前仍属于实践部门的自我创新,尚未得到法律法规的认可。[1]

---

[1] Ian McWalters, *Bribery and Corruption Law in Hong Kong* (*third edition*), Lexis Nexis, 2015, pp. 539~540.

第八章

职务犯罪的特殊证明方式：贿赂推定

2016年4月18日，最高人民法院、最高人民检察院发布了《关于办理贪污贿赂刑事案件适用法律若干问题的解释》（以下简称《贪污贿赂案件解释》），该解释创设了两种关于受贿罪的"为他人谋取利益"要件的刑事推定：其一，明知他人有具体请托事项仍收受其财物的（第13条第1款第2项）；其二，索取、收受具有上下级关系的下属或者具有行政管理关系的被管理人员的财物价值3万元以上，可能影响职权行使的（第13条第2款）。只要前述两种基础事实之任意一种被证明，就直接视为证明了推定事实——为他人谋取利益。从英美证据法的角度来看，这种刑事推定属于强制性的不可反驳的刑事推定，一旦基础事实被证明，被告人将丝毫没有反驳的机会。[1]那么，我国确立贿赂推定是否有合理性？司法解释确立的贿赂推定又是否存在问题？域外国家和地区对于刑事推定和贿赂推定的规定现状如何？我国的贿赂推定是否需要完善？本书将试图对这些问题作出逐一的回答。

一、制度背景：刑事推定在中国的扩张

刑事推定，在传统欧陆国家的证据法中鲜有应用，而主要是英美证据法的特色性制度。这种实现证明逻辑之跳跃递进的证据法规则，一定程度上解决了部分罪行犯罪构成要件不完善、证明难的问题。目前我国引入这种证据制度，以修补我国刑事实体法存在的问题。从整体来看，我国仍处于刑事推

---

[1] 这一规定究竟是推定，还是拟制，存在争议。陈兴良教授认为该规定使用"视为"一词，并将一些不同的情况等同于"为他人谋取利益"的犯罪构成要件，应当是拟制。参见陈兴良："贪污贿赂犯罪司法解释：刑法教义学的阐释"，载《法学》2016年第5期，第65页。但是从英美证据法的角度来看，将该规定归类为不可反驳的推定，也是没有问题的。参见 [美] 罗纳德·J. 艾伦、理查德·B. 库恩斯、埃莉诺·斯威夫特：《证据法：文本、问题和案例》，张保生、王进喜、赵滢译，满运龙校，高等教育出版社2006年版，第820~835页。

定发展的初级阶段，刑事实体法体系初步建成，不完善之处众多却又难以大幅度修改，因此通过不断设置刑事推定的方式，来解决部分罪行犯罪构成要件证明困难的问题。当前规则制定者关注的仍是实体法缺漏，对刑事推定的不足缺乏关注。

我国当前的刑事推定已有相当数量，并且仍在不断增长。有学者统计了截至2006年已有的刑事推定，发现已经有44种。[1]而2006年之后，根据最高人民法院、最高人民检察院《关于办理与盗窃、抢劫、诈骗、抢夺机动车相关刑事案件具体应用法律若干问题的解释》、最高人民法院《关于审理洗钱等刑事案件具体应用法律若干问题的解释》《关于办理制毒物品犯罪案件适用法律若干问题的意见》、最高人民法院、最高人民检察院《关于办理网络赌博犯罪案件适用法律若干问题的意见》《关于办理利用互联网、移动通讯终端、声讯台制作、复制、出版、贩卖、传播淫秽电子信息刑事案件具体应用法律若干问题的解释（二）》、最高人民法院、最高人民检察院、公安部《关于办理侵犯知识产权刑事案件适用法律若干问题的意见》、最高人民法院、最高人民检察院、公安部、司法部《关于依法惩治性侵害未成年人犯罪的意见》[2]、最高人民法院、最高人民检察院《贪污贿赂案件解释》等一批规范性文件，创立了至少8种刑事推定。可以预见的是，随着我国犯罪新形式的不断浮现和刑事实体法的难以跟进，更多的刑事推定会被创设出来。

数量上的急速扩张反映的是填补实体法缺漏的迫切需要，实体法诸多漏洞仍待修补，作为"修补膏药"之刑事推定本身存在的问题自然容易被轻视甚至忽视。可以说，当前我国刑事推定的发展，仍然处于粗放扩张的阶段，数量迅速增长而质量仍待完善。本书对于贿赂推定的分析与总结，其意即在于部分修缮我国的刑事推定制度。

---

[1] 劳东燕："认真对待刑事推定"，载《法学研究》2007年第2期，第21页。
[2] 最高人民法院、最高人民检察院、公安部、司法部印发的《关于依法惩治性侵害未成年人犯罪的意见》创设的是"严格责任"还是"推定责任"，仍有争议，有学者认为应当属于一种推定责任，笔者认同该观点。参见陈伟："'严格责任'抑或'推定责任'——性侵未满12周岁幼女的责任类型辨识"，载《法学家》2014年第2期，第111页。

二、贿赂推定的比较研究

（一）受贿入罪要件的两种模式：单层模式与双层模式

受贿罪，其犯罪构成要件在诸国刑事法中各有不同。笔者以各国刑法中受贿罪犯罪构成要件的层次性为标准，将其区分为单层模式与双层模式。大部分国家均采取了双层次的立法模式（证明难度低），英国和中国属于少数采取单层次立法模式的国家（证明难度高），而两国中证明要求尤为苛刻的当属中国。

不仅要求公职人员非法收受利益，还需有"为他人谋取利益"（中国）或者"不当行为"（英国）才构成受贿罪或近似罪行的，有中国和英国，笔者将其称为受贿罪立法的单层模式。《英国2010年贿赂法》将公职人员收受利益的情况区分为"不当行为"（improper behavior）已被作出和未被作出（第2条）。如果"不当行为"已被作出，公职人员当然构成受贿罪。如果"不当行为"未被作出，需要公职人员有作出这种"不当行为"的"意图"（intending），才构成受贿罪。而公职人员这种"意图"，并不必然需要其作出明确承诺，可以由陪审团和法官根据证据环境和客观行为作出推论。[1]

德国、法国、美国部分州、新加坡均规定公职人员违法收受利益即入罪，但刑罚较轻；如果还满足"违反公共职责"要件的，则构成刑罚更重的正统的受贿罪。此类刑法规定，以是否满足"违反公共职责"要件为标准，将受贿罪及其近似罪行区分为刑罚轻重有别的两种层次的罪行，笔者将其称为受贿罪立法的双层模式。《德国刑法》将受贿犯罪分为两种：第一种为单纯的"接受贿赂"，其犯罪构成要件为公职人员或从事公务的人员因履行公共职责的缘故允许自己接受（或被许诺）利益，可判处刑罚为3年以下的监禁或罚金（第331条）；第二种为"接受意味着违背其公共职责之诱因的贿赂"（Taking bribes meant as an incentive to violating one's official duties），其犯罪构成要件为公职人员或从事公务的人员允许自己接受（或被许诺）利益，作为回报其已经或者将会作出某公务行为，而该公务行为是违背其公共职责（of-

---

[1] Brown G, "Prevention of corruption-UK legislation and enforcement", *Journal of Financial Regulation and Compliance*, 180 (2007).

ficial duties）的，可判处刑罚为 6 个月至 5 年的监禁（第 332 条）。[1]对受贿罪采取双层立法模式的（具体规定与德国相似），还见于《法国刑法》第 432-11 条和第 432-12 条，[2]《美国加利福尼亚州刑法》第 68 条和第 70 条[3]以及《新加坡刑法》第 161 条和第 165 条。

德国、法国、美国部分州、新加坡，对受贿罪及近似罪行的构成要件采取双层立法模式，意味着不管控方能否证明被告人"违反公共职责"的要件，被告人都构成受贿罪或其近似罪行。因此即使没有贿赂推定，控方证明被告人有罪的难度也更小。而英国和中国，既然选择了对受贿罪的构成要件采取单一层次的立法模式，无疑强调了如果控方不能证明被告人满足"为他人谋取利益"（中国）或者"不当行为"（英国）的犯罪构成要件，被告人可能会被判无罪，控方面临的证明难度大，对贿赂推定的需求自然也更迫切。

（二）推定事实的三种类型

1. 对于"为不当行为之意图"的推定

前文已述，正统的贿赂犯罪定罪采用双层模式，不仅要求控方证明被告人收受财物的事实，还要求控方证明被告人有"为他人谋取利益"或者"为不当行为"的行为或意图。这种贿赂推定规则之下，控方只需证明被告人之公职身份、收受财物之行为及与给付财务人之特殊关系三项基础事实，即视为证明了被告人有为不当行为之意图。

英国是最早规定这种贿赂推定的国家，《英国 1916 年预防腐败法》（Prevention of Corruption Act 1916）第 2 条规定，以受贿罪被起诉之人"如果是国王陛下、政府机关或者公共机构的雇员，并且被证明被支付、给予或者主动接受任何通过或来自任何个人或个人的代理人（正等待或者寻求获取来自国王陛下、政府机关或者公共机构的合同）的任何金钱、礼物或报酬，那么该现金、礼物或报酬应当被认为是上述法律所说的作为诱导或者回报而腐败

---

〔1〕《德国刑法典》2013 年 10 月修订版（官方英译版本），载 http://www.gesetze-im-internet.de/englisch_stgb/englisch_stgb.html，2018 年 9 月 1 日最新访问。

〔2〕罗结珍译：《法国新刑法典》，中国法制出版社 2003 年版，第 151~152 页。

〔3〕Bancroft-Whitney Company's Editorial staff, *Deering's California Penal Code*, Bancroft-Whitney Company, 1980, pp. 9~10.

地支付、给予或者接受。除非相反情况被证实"。但是,《英国 2010 年贿赂法》(Bribery Act 2010) 正式生效后,《英国 1916 年预防腐败法》被废止,代表着英国从立法层面上废除了贿赂推定。[1]

新加坡基本照搬了英国的贿赂推定。1960 年颁布、1993 年修订的《新加坡防止腐败法》(Prevention of Corruption Act) 第 8 条"特定案件中腐败的推定"规定:"如果能够证明在政府及其任何部门或公共团体中任职的人,由已经或正在谋求与政府及其任何部门或公共团体有业务关系的人或其代理人支付或给予令人满意之事物 (gratification),或者接受令人满意之事物,则这种令人满意之事物应当认为是作为上述引诱或回报而被腐败地支付、给予或接受 (paid or given and received corruptly),除非相反情况被证实。"除了个别术语 (如 gratification) 略有不同外,该条与《英国 1916 年预防腐败法》第 2 条的规定基本如出一辙。

2. 对于"财产所有权归属"或者"财产系非法收受"的推定

受贿罪定罪中,时常出现被告人之亲属、朋友或代理人代其持有或管有财产,无法认定这些财产系被告人所有的情况。因此,部分国家和地区创设推定,只需检察官证明被告人之亲属、朋友或代理人持有或管有特定财产,被告人与该财产持有或管有人有特殊关系,以及有特定理由相信该财产系被告人所有这三项基础事实,即推定该财产为被告人所有。《新加坡防止腐败法》第 24 条第 2 款规定,"尽管任何其他人持有被告人的财力或者财产……鉴于其与被告人的关系,推定为被告人占有"。

此外,还有被告人个人银行账户金额无故突然增加的情况,这时检察官证明这些财产系被告人腐败所得会面临诸多困难。若检察官证明该财产与被告人收入不相称,或取得财产日期临近被指控之犯罪日期等,即可认为该财产为腐败所得。

(三) 贿赂推定的强制性与可反驳性

如前文所述,(在裁判者对基础事实产生确信的基础上) 以是否要求裁判者必须作出推定为标准,可以将刑事推定分为强制性推定与允许性推定。

---

[1] Warin, F. Joseph, Charles Falconer, Michael S, "British are Coming: Britain Changes Its Law on Foreign Bribery and Joins the International Fight against Corruption", *Texas International Law Journal*, 6 (2010).

从英国与美国的司法实践来看，对于强制性推定的规制与合宪性审查更为严格，而对于允许性推定的规制则相对宽松。从英国、新加坡和我国的贿赂推定的规定来看，无一例外都属于强制性推定。强制性的刑事推定，未来将会越来越多地面临无罪推定原则和排除合理怀疑证明标准的挑战。

在刑事推定被作出后，以这项推定能否被反证所推翻为标准，可以将刑事推定分为可反驳的推定与不可反驳的推定。英国、新加坡的贿赂推定，都属于可反驳的推定，其立法文本中都规定了该推定在一般情况下成立，"除非相反情况被证明"。而我国《贪污贿赂案件解释》确立的两项推定，都没有注明可以因"相反情况被证明"而被推翻，显然属于不可反驳的推定。

三、规制刑事推定应当考虑的因素

（一）是否与无罪推定原则相冲突

1764年，贝卡里亚率先阐述了无罪推定的思想。[1]到了现代，无罪推定原则已被世界各国普遍接受。在证据法领域，无罪推定原则提出的核心要求是：被告人不承担证明自己无罪的责任，应当由检控方承担证明所指控犯罪的每个构成要件达到符合定罪所需证明标准的程度。[2]

随着《欧洲人权公约》将无罪推定原则纳入其中（第6条第2款），欧洲人权法院越来越多地依照该公约的规定对各国国内法进行审查。在英国，对于刑事推定，若仅仅转移"证据责任"（evidential burden）给被告人，一般被认为是与无罪推定原则相符合的。但对于转移"说服责任"（persuasive burden）给被告人的情形，仅有部分被认为与无罪推定相符合（并且是由于法庭竭力将其解释成仅转移证据责任），其余都被认为与无罪推定原则相抵触。[3]在美国，根据 Winship 案及相关案件确立的审查原则，[4]刑事推定被

---

〔1〕 [意]贝卡里亚：《论犯罪与刑罚》，黄风译，中国法制出版社2005年版，第37页。

〔2〕 See Gottfried, Theodore A, Peter G. Baroni, "Presumptions, Inferences and Strict Liability in Illinois Criminal Law: Preempting the Presumption of Innocence", *The John Marshall Law Review*, 736 (2007).

〔3〕 Hamer, David, "The presumption of innocence and reverse burdens: A balancing act", *1 The Cambridge Law Journal*, 2007.

〔4〕 Winship 案确立的原则，即"正当程序条款保护被指控者免受定罪，除非对于被告人被指控的犯罪，每一个必须的犯罪构成要件都已经被证明到了排除合理怀疑的程度"，其实与无罪推定原则在证据法上的要求基本相同。

区分为强制性推定和允许性推定，允许性推定一般是合宪的，而强制性推定一般是违宪的，应当被废止。

总体来看，仅转移提出证据责任的推定、允许性推定以及推论（inference）都是与无罪推定原则相一致的。仅转移提出证据责任的推定，并未免除检控方的说服责任，总体上仍是符合要求的。允许性推定，只是规定审判人员可以依据案件整体环境和事实，来合理决定是否可以依据基础事实推出推定事实，并不降低检控方的证明标准（检控方仍然需要将犯罪构成的每个要素证明到令审判者排除合理怀疑的程度），也不转移证明责任给被告人（并未规定基础事实被证明后，即将推定事实不存在的证明责任转移给被告人）。

至于推论（inference），《英国1994年刑事司法和公共秩序法》第35条，《新加坡防止腐败法》第24条都有运用，并不转移证明责任，只是赋予裁判者在特定情况下作出合理推断的权力，总体来看也是不违反无罪推定原则的。

（二）错误裁判的非正义性

刑事审判者并非全知全能的上帝，有时难以避免作出错误的判决。然而，如果遵循无罪推定原则与正当法律程序，仍然出现错判，我们可以说已尽了人类能力范围内的最大努力，因此这种错判最可以被原谅。然而由于创设刑事推定，违背无罪推定原则所产生的错案，就不那么容易被原谅了。[1]

第一，应当考虑的是被起诉犯罪的刑罚轻重。对于可能被判处死刑的案件，一般不应该创设刑事推定。一来错误追究刑事责任的后果太严重，人的生命可能被错误剥夺；二来死刑执行后，人死不能复生，犯下的司法错误具有不可纠正性。对于可判处刑罚在3年以下监禁甚至一般判缓刑的轻刑案件，错判的危害较小，创设刑事推定更容易被接受。

第二，定罪要件和量刑要件的推定，其出现错误时的代价大小不同。若某推定将定罪要件的证明责任转移给被告人，最终裁判错误，涉及的是罪与非罪的问题，将使得无辜者平白蒙冤，失去自由甚至生命。若仅推定量刑要件的证明责任由被告人承担，即使最终裁判错误，只是被告人本应承受的刑罚加重了而已。比如在非法持有毒品罪中，推定被告人"明知"其持有物之

---

[1] Hamer, David, "Presumptions, standards and burdens: managing the cost of error", *Law, Probability and Risk*, 222（2014）.

毒品"性质",如果导致裁判错误,被告人将被错误定罪。而同样在非法持有毒品犯罪中,如果仅仅推定被告人知晓其持有毒品的"种类和重量",如果导致裁判错误,被告人只是刑罚被加重了而已。[1]

(三) 犯罪威胁社会的严重性与紧迫性

保障嫌疑人的人权,使其免受不公正刑事程序的伤害,是刑事诉讼法的重要目标。然而,就整个刑事法而言,保护社会公众免受犯罪的侵害,也是重要的利益考量。不同犯罪对社会威胁的严重性是不同的。有的犯罪,比如毒品犯罪和恐怖活动犯罪,侵害的是公民的生理健康甚至是生命安全,威胁更为严重。而有的犯罪,比如盗窃,侵害的是公民的财产权,威胁更为轻微。

另一需要考虑的维度,是该类犯罪对于社会威胁的紧迫性。前文所述,《英国1916年预防腐败法》之所以创设贿赂推定,就是因为在第一次世界大战期间,政府一系列的大额合同签订过程中出现了严重腐败问题。当时腐败问题愈演愈烈而国家正处于危急之中,检控方证明"腐败的动机"却存在"无法克服的困难"。[2]

当然,犯罪威胁社会的严重性与紧迫性,只是决定能否创设刑事推定过程中需要考量的次要因素。如果仅因为犯罪对社会威胁既严重又紧迫,就通过创设刑事推定的方式转移证明责任给被告人,以降低起诉难度,那么可以预见的是,刑事推定将在杀人抢劫、恐怖活动、制售毒品、危险驾驶等案件的起诉中泛滥成灾,现代刑事诉讼中的正当程序与无罪推定理念将荡然无存。

(四) 控方证明的困难程度

在刑事证明中,就某些事实,会存在控方与辩方之间证明难度的严重不

---

[1] 美国联邦最高法院当前对刑事推定的限制,主要就局限于对定罪要件的推定,对量刑要件的推定基本没有限制。但是,美国联邦最高法院最近也开始关注此问题。See Singer, Richard, "The Model Penal Code and Three Two (Possibly Only One) Ways Courts Avoid Mens Rea", *Buffalo Criminal Law Review*, 139, 179 (2000); Kelly, Elizabeth H., "Applying the Presumption of Mens Rea to a Sentencing Factor: Does 18 USC 924 (c) (1) (A) (iii) Penalize the Accidental Discharge of a Firearm", 41 *Suffolk University Law Review*, 2007.

[2] Madhloom, Laura, "Corruption and a Reverse Burden of Proof", *The Journal of Criminal Law*, 99 (2011).

对称,即对于控方而言,证明某些事实极端困难,或者工作量过于庞大;而证明这些事实对于辩方而言,却非常容易。[1]这种控辩双方之间证明难度的严重不对称,常常是催生刑事推定的重要原因。因为在此情况下创设的刑事推定,既能为刑事法律的执行提供巨大帮助,又不容易让无辜之人被错误定罪。

在司法证明中,要证明一个全称声明(universal claim),往往要比证明一个特称声明(existential claim)困难得多。要证明前者,需要对命题的所有子集进行证明。而要证明后者,只需要对命题中的一个子集进行证明即可。比如,如果某人要证明"不存在黑天鹅",他需要证明每一只天鹅都不是黑的。而如果某人要证明"存在"黑天鹅,则他只需要证明有一只天鹅是黑的,就完成了证明。[2]

(五)被告人个人认知对于证明的帮助

对于有些情形,人们常常认为交给被告人来证明,比让控方去证明,其证明难度更小,因为待证明的事实是在被告人的个人认知范围内的,而非落在检察官的认知范围内。比如我国《刑法》第395条巨额财产来源不明罪,对于被告人超出合法收入的巨大差额部分,被告人自然知道其来源渠道,也更容易证明其合法,但是检察官却不知道这些收入是否合法,也更难证明其非法。

然而,有些事实虽然落在被告人个人认知范围内,却并非由被告人证明更容易,或者由控方证明更困难。比如,刑法中典型的"主观要件"问题。以杀人罪为例,假设A杀了B,对于A是预谋还是过失,A自己当然更清楚。但是,要求A提出证据证明其杀死B并非出于故意,常常并不比控方证明这一要件来得容易。要知道,对于A在法庭上说的诸如"我不是故意的"或者"我本来就是想教训一下B"之类的话,法官往往视为基本没有证明力。A作为被告人,心中虽有所知,但没有司法经验,没有收集证据的能力,说服法官的能力与控方相去甚远,交由其证明并不见得简单,其若证明

---

[1] Allen, Ronald J, "How Presumptions Should Be Allocated-Burdens of Proof, Uncertainty, and Ambiguity in Modern Legal Discourse", *Harvard Journal of Law & Public Policy*, 627 (1994).

[2] Saunders, Kevin W., "The Mythic Difficulty in Proving a Negative", *Seton Hall Law Review*, 279 (1985).

失败，就会被错误定罪，酿成冤案。

被告人的个人认知，对于其证明特定事实的帮助程度，也是有限的。这就注定了让被告人承担证明责任的"轻重"，要保持在必要的限度内。在英国的 Lambert 案中，被告人 Lambert 的包里被发现有 A 级毒品。被告人否认其知晓（know）包里有毒品。按照之前法律的规定，对毒品的非法持有应当推定被告人"知晓"，除非被告人提出证据说服裁判者其并不知晓包中有毒品。但是，最终英国上议院裁定（动用了将近极限的解释权），转移给被告人证明其对持有毒品并非"明知"的责任应当为"证据责任"，而非"说服责任"。因为转移"证据责任"已经足以改变控辩双方就证明"明知"之主观要素中存在的不平衡（imbalance）状态。立法对于"无罪推定"原则的干预（inference），应当保持在必要（necessary）的限度内。[1]

（六）最少侵害原则和不可替代原则

刑事推定的创设，应当符合最少侵害原则和不可替代原则。所谓最少侵害原则，通常指追求"最少不良作用"，[2]以及使用"最温和手段"。在实践中，可以从四个方面予以考虑：其一，当允许性推定和强制性推定"同样有效"时，应以允许性推定代替强制性推定；其二，当可反驳推定与不可反驳推定"同样有效"时，应以可反驳推定代替不可反驳推定；其三，当（刑事推定转移给被告人的证明责任）提出证据责任与说服责任"同样有效"时，应向被告人转移提出证据责任；其四，当产生合理怀疑标准和优势证据标准"同样有效"时，应要求被告人证明到令裁判者产生合理怀疑即可。

不可替代原则，要求只有在其他更轻缓、更少侵犯无罪推定原则的手段都无法解决问题的时候，才创设刑事推定。换言之，如果检控方能通过提高侦查技术和举证能力的方法解决贿赂犯罪起诉中的困难，就不必创设刑事推定。如果裁判者能够通过作出合理"推论"的方式解决贿赂犯罪难以定罪的困难，就不必创设刑事"推定"。

---

[1] Regina v. Lambert [2001] UKHL 37, [2002] 2 A. C. 545.
[2] 城仲模：《行政法之基础理论》，三民书局1988年版，第113页。

四、我国建立贿赂推定的现实合理性与存在的问题

（一）我国建立贿赂推定的现实合理性

1. 受贿罪名的单层模式导致控方证明困难

前文已述，不同于德国、法国、美国部分州、新加坡，我国刑法对受贿罪的构成要件采取了单一层次的立法模式，使得"为他人谋取利益"要件的证明与否成了认定被告人罪与非罪的关键，这一要件的证明给控方造成了巨大困难，以至于许多学者呼吁要取消其作为受贿罪的构成要件。[1]控方证明"为他人谋取利益"要件的困难，通常基于以下两种原因：

第一，受贿方与行贿方在被起诉时利益攸关，常形成"攻守同盟"的关系。对于贿赂犯罪，刑法对受贿与行贿双方都会作出惩罚，这就导致贿赂双方为了自己不受惩罚，都不愿意供出对方。如果受贿方已经有为行贿方"谋取利益"的行为，控诉方尚且可以通过查证受贿方的此种客观化的行为，以证明"为他人谋取利益"要件的存在。如果受贿方尚未做出为行贿方"谋取利益"的行为，并且贿赂双方都不承认存在"谋取利益"的暗示或者承诺，控诉方要证明"为他人谋取利益"要件的存在，就变成了"几乎不可能"的任务。

第二，"感情投资型"贿赂犯罪对"为他人谋取利益"要件之证明的挑战。实践中，行贿人经常通过"感情投资"的方式给付国家工作人员财物，机会常选在过节、祝寿、婚丧嫁娶、探病等时候，不追求直接的经济回报，不约定当下提供职务帮助，而是建立一种长效的"信任"与"合作"关系。[2]在这类受贿案件中，许多情况下，受贿人只是收受财物，而没有任何"为他人谋取利益"的承诺或行动；行贿人给予贿赂，却从未提过"请托事项"，只是想通过送财物的方式"建立关系"，为日后请求帮助提供方便。基于这样的事实，司法机关认定被告人构成"为他人谋取利益的默示承诺"缺乏充

---

[1] 参见赵秉志："国际社会惩治商业贿赂犯罪的立法经验及借鉴"，载《华东政法学院学报》2007年第1期，第21页；李琳："论'感情投资'型受贿犯罪的司法认定——兼论受贿罪'为他人谋取利益'要件之取消"，载《法学论坛》2015年第5期，第101页；李洁："为他人谋取利益不应成为受贿罪的成立条件"，载《当代法学》2010年第1期，第83页；倪泽仁主编：《贪污贿赂犯罪案件重点难点疑点新释新解》，中国检察出版社2013年版，第277~280页。

[2] 刘宪权、谢杰：《贿赂犯罪刑法理论与实务》，上海人民出版社2012年版，第58~59页。

足的证据，很难将其行为认定为受贿罪。

2. 被告人对证明是否"为他人谋取利益"有自身优势

被告人收受财物是否有"为他人谋取利益"的目的，这一事实并非落在检察官的认知领域内，而是为被告人自己所知晓。如果被告人所收取的财物确实并非"为他人谋取利益"，而是有合法性事由或者辩解，被告人应当是能够提出相应证据证明的，比如，拿出欠条证明这是基于自然人借贷关系的还款，或者基于本人或近亲属常在某商人处购物而获得的商人赠送的合理折扣或礼物，又或者是远房亲戚和私密朋友赠送的价格合理的礼物、车船票等。当然，鉴于被告人的举证能力一般远不如检察官，能够要求被告人达到的证明标准应当是低于排除合理怀疑标准的。

3. 遏制贪腐犯罪的紧迫性要求建立特殊的制度机制

我国腐败问题较为严重，对社会产生了多方面的危害。从"透明国际"公布的2015年全球清廉指数来看，各国得分分别为从0到100，其中0代表最腐败，100代表最清廉。我国仅得分37分，低于平均分43分，"透明国际"认为我国的腐败问题是比较严重的。[1]正因为如此，我国近年加大了对贪污贿赂犯罪的打击力度。但由于贿赂犯罪收集证据难度很大，尤其是证明受贿人主观上有"为他人谋取利益"的意图难度非常大，因而有必要建立特殊的制度机制。英国在1916年之所以创设贿赂推定，是因为当时正值第一次世界大战，腐败问题愈演愈烈而国家正处于危急之中，检控方证明"腐败的动机"存在"无法克服的困难"，故而创设贿赂推定。[2]我国当前情况与1916年的英国大为不同，但腐败问题尤其是贿赂犯罪问题，严重侵蚀政府的公信力和统治基础，也是亟须治理的问题。

事实上，我国早有法官通过创设"事实推定"（根据贿赂双方的客观身份推定受贿人明知他人有具体的请托事项，从而有为他人谋取利益的默示承诺），来解决"为他人谋取利益"要件的证明难题。《贪污贿赂案件解释》相关条款的出台，一定意义上只是对司法实践的肯定。例如，2006年兰州大

---

[1] "美媒：2015全球清廉指数报告出炉 中国上升17位"，载http://news.xinhuanet.com/overseas/2016-01/29/c_128682338.htm，2018年8月13日最后访问。

[2] Madhloom, Laura, "Corruption and a Reverse Burden of Proof", *The Journal of Criminal Law*, 98 (2011).

学第二医院（以下简称"兰大二院"）时任党委书记的丁某，收受某建筑公司经理张某（承建兰大二院医疗综合大楼施工建设）给予的人民币50万元。至案发前，请托人张某尚未向丁某提出给予帮助的要求，丁某也尚未利用职务之便为其谋取实际利益。在一审与二审中，丁某均被判决构成受贿罪。有学者分析，此案张某虽未提请托事项，但丁某应当预见到，张某送50万元是想要丁某在之后医院的工程建设中帮助其谋取经济利益。丁某在应当有此种预见的情况下收受大额财物，可以被视为是答应为张某谋取利益的默示承诺。[1]

（二）我国贿赂推定存在的问题

1. 对无罪推定和辩护权的侵害较大

《贪污贿赂案件解释》创设的是强制性的不可反驳的推定，一旦基础事实被证明，被告人将丝毫没有辩驳的机会。

我国受贿犯罪的构成要件包括四个：对象要件（财产性利益）、主体要件（国家工作人员）、职务要件（利用职务之便或职务形成的便利条件）、谋利要件（为他人谋取利益）。[2]《贪污贿赂案件解释》通过创设刑事推定的方式，使检控方无需将"为他人谋取利益"的犯罪构成要件证明到排除合理怀疑的程度，这无疑是与无罪推定原则有冲突的。

对于《贪污贿赂案件解释》创设的强制性的不可反驳的刑事推定，笔者认同美国学者艾伦和伊曼纽尔的观点，即与其说这是一项改变证明责任的程序性规则，不如说这是一项"有着笨拙用语的实体法律规则"。[3]最高人民法院与最高人民检察院不过是想利用推定的手段，来实现规定"明知他人有具体请托事项仍收受其财物"以及"索取、收受具有上下级关系的下属或者具有行政管理关系的被管理人员的财物价值三万元以上，可能影响职权行使"两种情况属于"为他人谋取利益"，从而构成受贿罪的目标。从实际效果来看，这种刑事推定并不转移证明责任，而是在检控方证明前述两种情况

---

〔1〕参见何晴："'感情投资型'受贿行为是否构成受贿罪"，载《中国检察官》2011年第24期，第67页。

〔2〕参见刘宪权、谢杰：《贿赂犯罪刑法理论与实务》，上海人民出版社2012年版，第27~59页；杨远波编著：《贪污贿赂犯罪证明结构与证明标准》，中国检察出版社2012年版，第33~44页。

〔3〕参见［美］罗纳德·J.艾伦、理查德·B.库恩斯、埃莉诺·斯üs威夫特：《证据法：文本、问题和案例》，张保生、王进喜、赵滢译，满运龙校，高等教育出版社2006年版，第854页；Steven L, Emanuel, Evidence, *Aspen Law & Business*, 2001, p.563.

后，完全否定被告人就"为他人谋取利益"要件的辩护空间，这无疑是对辩护权的恣意剥夺。

2. 错误裁判的非正义性强

对于"为他人谋取利益"的推定，理论上看是关于"定罪要素"（即犯罪构成要件）的推定，决定了被告人是否构成受贿罪。但是在司法实践中，因受贿罪被起诉的被告人常常被指控多次受贿，只要其中任意一次行为被裁判者定性为受贿（并且在 3 万元以上），贿赂推定起到的实质作用就转变为关于"量刑要素"（即最终判定受贿数额是多是少）的推定。从实践中看，我国贿赂推定实际起到的作用，可能较少在于定罪，较多在于量刑。这样可能让人产生一种错觉，认为这种贿赂推定的非正义性是微弱的——我国贿赂推定即使出错，被告人在是否有罪的问题上也鲜有被冤枉的，只不过是量刑加重了而已。

笔者认为，我国贿赂推定主要在"量刑要素"上发挥作用，并且冤枉被告人的情况鲜有发生，并不减弱其极强的非正义性。原因在于，贿赂犯罪作为一种特殊的犯罪，其量刑幅度从 3 年以下有期徒刑一直到最高可判死刑，这中间的决定因素正是"量刑因素"（受贿数额）。"为他人谋取利益"的推定极大降低了检控方的起诉难度，并剥夺了被告人的辩护权，使得原来许多真伪不明的行为被判定为受贿行为，被告人受贿金额大幅度增加。《贪污贿赂案件解释》规定，受贿 20 万元以上不到 300 万元的，判处 3 年以上 10 年以下有期徒刑；受贿 300 万元以上的，判处 10 年以上有期徒刑、无期徒刑或者死刑。这种主要在"量刑"方面发挥作用的推定如果出现错误裁判，本该被判处 10 年以下有期徒刑的被告人可能会被判处无期徒刑甚至死刑，错误裁判的非正义性是比较大的。

3. 违背最少侵害原则

最少侵害原则，属于比例原则之下的一种，是指如果能采取对于被告人权利侵害更小的措施达到刑事追诉的目的，即不应当采用侵权性更强的措施或规定。我国贿赂推定不符合最少侵害原则之处在于：其一，本可以创设允许性推定达到目的，却创设了强制性推定。刑事推定实现的是证明上的逻辑跳跃，由于整体案情的复杂性和社会生活的多样性，这种逻辑跳跃并非在任何时候都是合理的。在某些时候，如果这种逻辑跳跃并不合理，应当允许法官自行决定不予采纳。其二，本可以创设可反驳推定达到目的，却创设了不可反驳推定，这一点是最不合理的。纵观其他创设贿赂推定的国家或地区，其推定类型皆为可反驳的，原因在于有些时候被告人收受财物确有令人信服的正当理由，贸然拒绝反驳会使刑事推定制度走向简单化和粗暴化，也容易酿成冤假错案。其三，本可以通过转移证明责任达到目的，却直接剥夺了被告人反证和辩护的机会。刑事推定当前发展的大趋势，是在允许进行逻辑跳跃的同时，保留被告人证明逻辑跳跃不合理的权利，也就是只转移证明责任，不直接认定事实。而我国的贿赂推定则直接实现逻辑跳跃，强行认定推定事实，剥夺了被告人的反证机会。这种操作方式，大幅缩小了被告人在贿赂犯罪审判中行使辩护权的空间，不利于实现控辩平等和权利保障。

五、完善我国贿赂推定的基本思路

大陆法系国家应用刑事推定的并不多，而传统上应用刑事推定较多的英美法系国家也越来越多地对刑事推定加以限制。笔者认为，基于坚持无罪推定原则和保障辩护权的考虑，在整体上对刑事推定的适用进行限制，是有必要的。具体到贿赂犯罪领域，基于我国刑法规定的单层模式和贿赂犯罪的特殊性质，创设贿赂推定是有必要的，但仍需做到"丰富化""多元化""柔性化""法定化"和"标准化"。

（一）贿赂推定的"丰富化"

前文已述的"单层立法模式"之下，我国贿赂罪定罪对于"为他人谋取利益"要件的苛求，使得调查人员的调查难度陡然上升。实践中谋利行为的发生有"提前性""隐秘性""间接性"和"转换性"等多重特征，使得对于具体谋利行为的查证非常困难。"三重大山"（严苛的定罪要件、难查的谋利行为外加紧迫的反腐任务）的重压之下催生了调查人员调查思路的转换——放弃从客观谋利行为查起（从客观到主观），转向通过获取主观有罪供述来实现定罪（从主观到客观）。这一调查思路的转变，有其合理性，但仍不利于我国的职务犯罪调查走向技术化和文明化。

要想改变过度依赖口供定罪的现状，光靠加强绩效考核等方式"加强约束"是不够的，关键的是通过设立贿赂推定的方式为调查人员"架起桥梁"，让调查人员有更多的路径可以选择。具体来说，公职人员离退休之后,索取、收受具有曾经上下级关系的下属或者曾经具有行政管理关系的被管理人员的财物超过一定价值的,也可以认定为"为他人谋取利益";公职人员收受他人财物达到一定数额,又无法合理解释其接受该财物的正当理由(提供劳务、咨询或者曾进行借款等)的,也可以认定为"有为他人谋取利益意图"。

(二)贿赂推定的"多元化"

不仅"为他人谋取利益"这一主观事实,对于"财产的收受、控制和所有"这类客观事实,由于控方证明难度大而嫌疑人容易自行解释,可以参考新加坡的做法,同样设置贿赂推定。其一,嫌疑人收受财物的证明问题。如果仅有证据证明嫌疑人A在X日利用职务帮助B谋利,以及A的银行账户在X日的两日后突然多出100万元,如何证明该100万元为B给A的行贿金?从经验层面来看,A的帮助谋利行为和账户中的不明巨额资金时隔很近,有很大的概率是相关的。因此,针对这种情况不妨创设允许性推定,允许法官结合整体证据背景决定是否推定该100万元是B给的行贿金,但给予A(就100万元不明款)解释和反证的机会。其二,嫌疑人经常通过赠与等形式,将受贿或贪污的财产转移至朋友或亲戚处,以逃避侦查。同样可以通过创设允许性推定,允许法官根据任何人与嫌疑人关系的密切程度及其他情况,推定该人是替嫌疑人持有的财产,该财产实际为嫌疑人所有或控制,除非嫌疑人能给出合理的反证。

(三)贿赂推定的"柔性化"

我国的贿赂推定过于"刚性",剥夺了被告人的反驳权和法官的裁量权,应当使其"柔性化"。从前文的比较研究可以发现,各国的贿赂推定几乎都允许被告人进行反驳,也大都允许法官根据整体证据环境决定不采纳贿赂推定。作为推定基础的经验法则只是反映了基础事实和推定事实之间的常态联系,而非必然联系,因此几乎所有国家的贿赂推定都允许被告人反驳。而贿赂行为的认定还需结合利益给付人与利益收受人之间的具体关系、馈赠钱物是否超出正常范围、交付方式是否隐蔽等多种因素来判断,因此英美法系国家也多允许法官根据整体证据环境决定是否适用贿赂推定。我国《贪污贿赂案件解释》创设的贿赂推定,为强制性的不可反驳的推定,既不允许反驳也不允许法官裁量适用,应当进行两方面的改造以使其柔性化:其一,通过在司法解释中增加"可以"的规定,将贿赂推定改造为允许性推定;其二,通过增加允许通过反证来推翻贿赂推定的条款,将贿赂推定改造为可反驳的推定。具体来说,应当将该解释第 13 条第 1 款第 2 项单列出来作为第 13 条第 2 款,并改为:"国家工作人员明知他人有具体请托事项,仍然索取、收受其财物的,可以视为为他人谋取利益。"将第 13 条第 2 款改为第 3 款:"国家工作人员索取、收受具有上下级关系的下属或者具有行政管理关系的被管理人员的财物价值三万元以上,可能影响职权行使的,可以视为承诺为他人谋取利益。"第 13 条应再增加第 4 款规定,对贿赂推定的适用条件作出说明:"法官应当在综合考量案件整体证据环境的基础上,决定是否适用前述第二款或者第三款的规定。如果法官最终决定,案件适用第二款或者第三款的规定的,应当允许被告人提出相应证据进行反驳。"

(四)反驳理由的"法定化"

通过修改刑事实体法,在引入贿赂推定的同时制定相应细则,将被告人对于收受财物的正当理由法定化,将过节请客、婚丧嫁娶人情来往等理由限制在明确金额之下,并将友情赠票等理由排除在外,确是可行之举。这种细则一方面避免了被告人胡乱举证进行无效辩护,另一方面也避免了法官在指导性细则缺失的情况下面对被告人的非常规反驳理由左右为难。从犯罪预防的角度而言,此细则也可以给全国官员提供指引,明确告知其哪些财物可以接受,而哪些财物一旦收受即构成违法犯罪,避免分辨能力不强的官员犯罪。

具体而言,可制定最高人民法院、最高人民检察院《关于许可接受利益的解释》,详细列举国家工作人员被允许的从他人处收受利益的情况,包括何种情况下可从亲属、私交好友、商人、政府和其他人士处收受利益,何时可以接受旅费,何时可以向相关部门申请接受旅费外的利益等。当被告人被起诉犯有受贿罪时,其可以从最高人民法院、最高人民检察院《关于许可接受利益的解释》中寻找其收受利益的合法事由。如果其未能给出相关证据证明其收受利益为合法的,那么将认为其反驳无效。

(五)有效反驳的"标准化"

确定嫌疑人通过反证推翻贿赂推定需要达到的证明标准。当前我国刑事诉讼证明标准仍然是一元化的,即不论是检察官证明被告人有罪,还是被告人反驳刑事推定,都需要达到"事实清楚、证据确实、充分"的标准。我国2012年《刑事诉讼法》引入了英美证据法中"排除合理怀疑"的定罪标准,但遗憾的是,对英美法中其他层次的证明标准如清楚和有说服力的证据、优势证据等并没有一并引入。由于嫌疑人举证能力的不足,对于嫌疑人的反证,显然不能要求其达到排除合理怀疑的证明标准。当前被告人对于贿赂推定的反驳,可以采取两种策略:一种是反驳贿赂推定赖以成立的基础事实;另一种是反驳贿赂推定的推定事实。对于这两种针对不同事实的反驳,应当建立不同的证明标准。

检察官对于基础事实的证明,须达到"排除合理怀疑"的最高标准,才能通过贿赂推定来证明推定事实的成立。而与此相对应,被告人对于基础事实的反驳,只需要达到令法官产生合理怀疑,即可构成有效的反驳。

而对于推定事实的反驳,被告人需要达到的证明标准更高一些。因为基础事实成立前,对于基础事实的反驳并不转移证明责任,而基础事实成立后,反驳推定事实的证明责任就被转移到了被告人身上。笔者认为,此处采纳"优势证据"的证明标准更为合理,[1]即美国用来作为被告人证明积极抗辩事由的证明标准,需达到50%以上的可信度。[2] 放到我国证据法的语境下,这种证明标准可以表述为"逻辑圆满且有合理根据"。

---

〔1〕 何家弘教授同样认为,我国被告人反驳刑事推定需达到的证明标准,应以优势证据标准为宜。参见何家弘:"论推定规则适用中的证明责任和证明标准",载《中外法学》2008年第6期,第877页。

〔2〕 陈瑞华:《刑事证据法学》(第2版),北京大学出版社2014年版,第298页。

附 录
美国诱惑调查措施的考察与批判

美国对于职务犯罪的认识,与我国的相同之处在于,皆认为这种犯罪隐蔽性强、组织性强、报案人少和侦破困难。但不同之处在于,美国并没有出于维护政治稳定团结的角度去考量治理职务犯罪的手段。美国立法者强调职务犯罪与传统黑社会集团犯罪、毒品犯罪的相似之处,倾向于允许采用近似的"极端"调查手段,即诱惑调查措施来治理这种犯罪。

一、美国职务犯罪诱惑调查的现状、优势和问题

美国在职务犯罪调查中使用诱惑调查措施(sting)为时已久,主要使用机构为联邦调查局(FBI)。早期诱惑调查所受限制很少,但随着社会关注和舆论争议受到越来越多的限制。1981年,联邦调查局的"Abscam"诱惑调查行动收网,1名国会参议员、6名国会众议员、1名市长等31位官员被起诉和定罪,引起社会广泛关注。正是这一年,为缓解社会担忧和规范乔装调查,美国司法部发布了《美国司法部长关于FBI乔装行动的指南》(Attorney General's Guidelines on FBI Undercover Operations),标志着针对职务犯罪的诱惑调查正式走向规范化。

(一)美国职务犯罪诱惑调查的现状

1. 适用比例不高

美国联邦调查局在职务犯罪调查中,使用诱惑调查的比例并不高。对于官员腐败问题,联邦调查局和各州都有调查权,但联邦调查局为主要调查机构。美国司法部发布的报告显示,联邦调查局每年起诉的腐败官员约为1100人,定罪的腐败官员约为1000人。[1]而从笔者查阅的各种案例和新闻来看,

---

[1] 1997年到2016年20年间,美国联邦调查局共起诉腐败官员22 269人,平均每年起诉

美国联邦调查局每年依靠诱惑调查起诉的官员不会超过 100 人，所占比例并不高。这表明，与媒体报道和学界论文所普遍担心的诱惑调查被依赖和滥用的情况不同，美国联邦调查局在职务犯罪调查领域对于诱惑调查的依赖程度并不高，在批准使用这种措施时也十分谨慎。在美国，诱惑调查之于职务犯罪调查领域，与其说是"常规"武器，不如说是"战略"武器。

2. 需要中央授权

根据《美国司法部长关于 FBI 乔装行动的指南》的规定，FBI 针对疑似腐败官员展开的诱惑调查行动，必须向 FBI 总部申请许可，并得到 FBI 局长或助理局长的批准，也就是说要得到 FBI 中央部门的同意。与此形成鲜明对比的是，其他如针对毒品犯罪和黑社会组织犯罪展开的诱惑调查，只需地方的 FBI 负责探员授权即可进行。[1]针对职务犯罪展开的诱惑调查，一般在某一州内展开，主要针对的是地方官员如市长、副市长和低级地方官员等，虽然随着调查深入也会有国会议员等牵涉在内，但并不针对中央的内阁官员。美国的职务犯罪诱惑调查，是比较典型的由中央许可，而旨在针对严重腐败地区的腐败清扫活动。比如 1980 年的"Greylord"行动，即属于联邦调查局风闻芝加哥地区司法腐败严重，而展开的清扫该地区腐败法官和检察官的行动；[2]而 1981 年的"Abscam"行动和 2009 年的"Bid Rig"行动，则旨在清扫新泽西州这一美国最为腐败地区的系统性贿赂犯罪。FBI 将诱惑调查的目标指向严重腐败的地区和系统，还有一个重要原因在于，在此类严重腐败环境中工作并且被怀疑受贿的官员，在诱惑调查开始前已多次面对真实的贿赂诱惑，其不是经得住诱惑就是已经腐败，FBI 制造的虚假贿赂机会不至于将从未面对过贿赂机会的无辜官员拖入犯罪深渊。

3. 调查周期漫长

相比于普通腐败调查手段，诱惑调查可以说是极其漫长的。漫长的调查周期主要在于逮捕前（即"收网"前），经常需要持续一两年甚至更长时间。

（接上页）1113.45 人；共定罪腐败官员 19 969 人，平均每年定罪 998.45 人。See "Report to Congress on The Activities and Operations of The Public Integrity Section for 2016", https://www.justice.gov/criminal/file/1015521/download，2018 年 8 月 23 日最后访问。

〔1〕 参见《美国司法部长关于 FBI 乔装行动的指南》"Authorization of Undercover Operations"一节。

〔2〕 Shipp, "Greylord Judge Gets 15 Years", December 19, 1984, Page A00024.

一旦逮捕措施被采取，FBI 经常在一个早晨或者晚上逮捕数十人，之后伴随着密集的认罪和污点证人交易，调查很快就宣告结束，进入正式起诉阶段。比如，"Greylord"调查行动持续 3.5 年，"Abscam"行动持续 2 年，而"Bid Rig"行动持续了 3 年。在"Abscam"行动中，联邦调查局先物色合适的卧底人选，继而设立虚假公司，购买必要办公设备，注入足够的资金以满足卧底人员的行贿和请客需求，安排卧底循序渐进地与腐败链条中的"中间人"见面，取得中间人的信任后再通过中间人同官员见面。在此期间，卧底出席各种饭局并寻找合适机会进行贿赂，成功贿赂 30 多名官员并秘密拍下录像。此类腐败调查前期的人员物色和背景伪装精细，所调查的嫌疑官员数量众多，以至于调查周期拖得十分漫长。

4. 调查伪装精致

FBI 对于职务犯罪的诱惑调查构思精密而伪装巧妙。为了进行诱惑调查，有时 FBI 会"扮演"犯罪。在"Greylord"调查行动中，FBI 雇佣芝加哥富有正义感的当地检察官哈克，让其从检察官办公室辞职后在当地执业成为刑辩律师，后安排 FBI 探员在芝加哥伪造盗窃机动车辆、非法持有枪支和毒品等犯罪并让哈克进行辩护。之后，FBI 安排"腐败辩护律师"哈克同各警察、检察官和法官接触并向其行贿，一大批罪犯落网。[1]此外，FBI 还会成立虚假公司，购买办公设备，设计真假难辨的投资计划书并以此安排线人与贿赂中间人和各色官员接触，期间还通过线人举行酒会与出席奢侈饭局等，把线人包装成一个野心勃勃而豪掷千金的大商人。线人的身份也是精心包装的，"Abscam"行动中的线人被包装成为一个坐拥亿万财富来美国寻找投资机会的中东石油大亨代理人，而"Bid Rig"行动中的线人德韦克则本来就是出生于美国富裕犹太家庭的房地产商，这一真实身份被 FBI 用来进行诱惑调查。

（二）美国职务犯罪诱惑调查的优势

1. 犯罪证据取得方便

诱惑调查的盛行，与摄录装置的小型化是分不开的。在美国针对职务犯罪开展的诱惑调查中，卧底或线人身上装满了各种电子窃听和摄录装置，以

---

[1] Terrence Hake, "Operation Greylord", https://fbistudies.com/wp-content/uploads/2017/04/FBI-Grapevine-Operation-Greylord-Hake.pdf, 2018 年 8 月 30 日最后访问。

便在犯罪行为发生的同时将其记录下来。以 2009 年发生在新泽西州的"Bid Rig"行动为例,线人德韦克随身携带录音和摄像装置进行行贿,行贿时会把装钱的信封口对着摄像头以显示内部贿金的面值和厚度,在把信封交给受贿对象时还会在口头上与受贿对象确认金额,表明受贿人知晓贿赂的金额,并告知受贿人希望获得其帮助。[1]以同步录音录像的方式,将受贿人客观上的受贿行为,和主观上对贿金和行贿人请托事项的知晓都记录下来,使得受贿人进行无罪辩护的成功可能性微乎其微。

2. 抓获嫌犯数量众多

FBI 设下诱惑调查行动,并不仅仅针对一个嫌疑人,而是将矛头指向一批嫌疑官员。以 2009 年新泽西州的"Bid Rig"行动为例,FBI 安排线人德韦克以房地产商人的身份接触了洗钱、贿赂的一系列嫌犯,通过洗钱组织认识了"交友广泛"的贿赂中间人,后通过中间人认识了泽西市的副市长并向其行贿,并通过副市长认识了泽西市市长试图行贿,甚至对该市长的竞选对手展开诱惑调查。FBI 的诱惑调查过程冗长而对象众多,在确定所有有嫌疑的官员都已经接受过诱惑调查后,才会进行集中式的逮捕。在"Bid Rig"行动中,仅仅在 2009 年 7 月 23 日一天内,新泽西州检察长就宣布逮捕了 44 人。[2]在 1981 年的"Abscam"行动中,共有 31 名官员被定罪。而在"Greylord"行动中,共有 93 人被起诉,包括 17 名法官、48 名律师、10 名警官、8 名警察、8 名法庭官员和 1 名州议会议员。[3]

3. 诱惑对象认罪率高

FBI 的诱惑调查一旦成功,通过小型摄录装置摄录的受贿过程录音录像证据确凿,犯罪嫌疑人难以否认。而配合美国的污点证人制度,检察官有权对部分次要涉案人员开出大幅量刑优惠甚至部分罪名不起诉的条件,换取其与控方合作证明关键被告人有罪,许多罪行较轻的官员或者贿赂中间人,会

---

[1] Sherman, Ted, Josh Margolin, *The Jersey Sting: A True Story of Crooked Pols, Money-Laundering Rabbis, Black Market Kidneys, and the Informant Who Brought It All Down*, St. Martin's Press, 2011, p. 88.

[2] Sherman, Ted, Josh Margolin, *The Jersey Sting: A True Story of Crooked Pols, Money-Laundering Rabbis, Black Market Kidneys, and the Informant Who Brought It All Down*, St. Martin's Press, 2011, pp. 12~63.

[3] See NIina Burleigh, "Greylord: the aftermath", http://www.lib.niu.edu/1989/ii890838.html, 2018 年 8 月 25 日最后访问。

选择与检察官合作指控其他被告人,这也使得集团式腐败案件的起诉和定罪变得容易。实际上,内森教授发现,"很少有被诱惑调查成功的腐败官员在庭审时提出'圈套抗辩',可能是因为主张精于世故的官员容易受到调查员诱惑的影响而犯下他们否则根本不会犯下的罪行,此种理由比较牵强"。[1]诱惑调查的最大价值,在于在腐败行为盛行的区域和系统内识别出真正的腐败者,并通过受贿过程录像形成调查的突破口,迫使部分"吃下诱饵"的被告人率先开口认罪和指控其他腐败人员,从而形成对于腐败犯罪的集团式打击。

(三)美国职务犯罪诱惑调查存在的问题

1. 内部行动指南约束力弱

《美国司法部长关于FBI乔装行动的指南》架构完整,涵盖宽泛,对于授权主体、批准程序、审核标准、经费审批等都有详细规定,然而终究属于调查机构自我规范性质的规则,约束力并不强。[2]通过这种内部准则的方式,可以有效平衡调查权力的侵权性和灵活性之间的冲突,协调行动保密与严格控制之间的矛盾,但是也存在严重缺陷:其一,该指南的内部规章性质,注定了其位阶不高而缺乏外部监督,仅靠调查机构的内部自觉,难以有效执行。其二,该指南中的规定多系建议性质,并未创设任何的权力,也没有明确规定违反指南需要承担的法律责任。违反后果缺失的法律规则,在结构上是不完整的,无法有效监督调查人员严格遵守。

2. 诱惑对象选择审核不严

《美国司法部长关于FBI乔装行动的指南》第J节规定,一般情况下,需有初步嫌疑才能采用诱惑调查手段,但如果认为该诱惑调查所提供的犯罪机会已经被提供给目标人物,有理由认为如果目标人物因此抓住机会犯罪的话即可证明其有从事该种犯罪的意图,则无需满足"初步嫌疑"要求。这就产生了一个问题,即FBI总部如果认为某地(如美国最腐败的地区之一新泽西州)的腐败问题已经很严重,就会默认该地官员在多年任职之后,都已经被提供过贿赂机会,因此针对任何任职时间稍长的官员进行的诱惑调查都被认

---

[1] Caplan, Gerald, *ABSCAM ethics: moral issues and deception in law enforcement*, Ballinger, 1983, p. 13.

[2] 程雷:《秘密侦查比较研究——以美、德、荷、英四国为样本的分析》,中国人民公安大学出版社2008年版,第202页。

为是合理的,这就让人产生诱惑调查对象选择过于随意的担忧。诱惑调查对于中间人的依赖,一定程度上加重了这种忧虑,内森教授认为,FBI 线人仅仅是对中间人表达了获得政策好处的需求和行贿的意愿,至于中间人会把哪位官员介绍给线人,FBI 无从得知,只是按照中间人的介绍开展下一步行动。[1]

3. 污点线人存在失控风险

美国允许 FBI 吸纳已被秘密逮捕但未被定罪的嫌疑人作为诱惑调查的线人,这既是 FBI 诱惑调查取得巨大成功的重要原因,也从源头上蕴藏了线人失控的风险。这些已被逮捕的嫌疑人,犯罪证据确凿而亟须通过为 FBI 的调查活动立功来换取起诉和量刑上的优惠。换句话说,这些污点线人的未来刑期长短甚至是被判处实刑、缓刑都取决于他们在诱惑调查中的表现,这就使得线人在诱惑调查活动中有过强的"表现欲",竭尽全力让接触的官员接受贿赂,以及尽可能提供更多的贿金。污点线人这种危险倾向会使其在语言表达和诱惑手段的选择上逾越"普通行贿者"的界限,制造一种诱惑程度超出日常行贿的"超级行贿行为",这时诱惑调查就已经失控。毕竟,人类经受诱惑的能力是有限的,官员在过强的贿赂诱惑面前,犯错可能性会畸形式暴涨。在"Bid Rig"行动中,线人德韦克因涉嫌诈骗银行贷款 5000 万美元和庞氏骗局诈骗,最高可能被判处 30 年有期徒刑。德韦克被捕后与 FBI 合作成为线人,成功执行"Bid Rig"行动而摧毁了数个洗钱、腐败和人体器官交易组织,后因表现突出而未被起诉庞氏骗局诈骗行为,最终仅被判处 4 年有期徒刑。[2]德韦克在行动执行过程中,让 FBI 有极强的失控感,因为德韦克经常逃避 FBI 的指挥而自行选择策略来进行诱惑调查,虽然证明非常有效,但因常有逾越界限的嫌疑而使 FBI 探员非常紧张。[3]

(四) 美国职务犯罪诱惑调查的规制

1. 调查前——行政机构的双重内部审查

整体诱惑行动的审批与具体诱惑行为的实施须分别申请批准,即需要进

---

[1] Caplan, Gerald, *ABSCAM ethics: moral issues and deception in law enforcement*, Ballinger, 1983, p. 13.

[2] MaryAnn Spoto, "Another sentence for Solomon Dwek: FBI informant gets four years for cheating bank", http://www.nj.com/politics/index.ssf/2012/10/another_sentence_for_solomon_d.html, 2018 年 5 月 30 日最后访问。

[3] Sherman, Ted, Josh Margolin, *The Jersey Sting: A True Story of Crooked Pols, Money-Laundering Rabbis, Black Market Kidneys, and the Informant Who Brought It All Down*, St. Martin's Press, 2011, p. 83.

行双重审查。调查人员就如同进入大型旅游景区的游客，进入景区前要买入园门票，进入景区后想要参观热门景点还需要额外购买小门票。第一重审查针对整体的诱惑调查行动计划，由于美国诱惑调查行动前期准备周期长，投入人力、物力多，且一次调查行动针对多达数十个对象，因此需要一个比较详尽的整体计划，这样一份关于诱惑行动如何展开的计划书需要得到联邦调查局总部初审部门、乔装行动审核委员会以及联邦调查局局长的分别推荐或同意。第一重审查通过后，在决定是否对特定重要官员展开诱惑调查时或者特定诱惑调查行为是否合适时，同样需要得到FBI总部和局长的同意，即需要进行第二重审查。比如在"Abscam"行动展开中途，涉及是否对国会议员等重要官员展开诱惑调查需要得到FBI局长的同意。当贿赂中间人提出有两个腐败官员可以通过高额贿赂（每人10万美元）争取其帮助时，因担心金额过大，调查人员与贿赂中间人还价到每人5万美元，在得到FBI局长同意后才得以展开对这两位官员的诱惑调查。[1]

美国联邦调查局内部对于职务犯罪诱惑调查的审查程序，极为严格。《美国司法部长关于FBI乔装行动的指南》将乔装行动（包括诱惑调查在内）区分为两类：一类为针对毒品、有组织犯罪进行的乔装行动，只需高级探员批准即可，批准程序简单；另一类则为涉及重要财政因素（花钱多）或敏感环境（涉政治）的乔装行动，包括对公共腐败的乔装行动，这一类乔装行动批准程序极为复杂。具体而言，此类调查申请需要经过以下几个步骤：其一，先向FBI总部初审部门递交申请，如果初审部门审核认为不值得执行的话申请到此就终止，如果认为值得执行则将申请提交给"乔装行动审核委员会"。其二，取得乔装行动审核委员会的同意。乔装行动审核委员会由FBI局长指定联邦调查局内部职员组成，乔装行动审核委员会将进行标准非常严格的实质性审查，即必须经过委员会成员的一致同意才能通过乔装行动申请，只要有一个委员不同意该行动申请即无法通过。其三，乔装行动审核委员会同意后，将乔装行动申请转交给FBI局长或者助理局长，需要联邦调查局负责人同意才能实施。

相比于死板的审批程序，审批标准相对灵活一些。其一，关于调查对象

---

〔1〕 Caplan, Gerald, *ABSCAM ethics: moral issues and deception in law enforcement*, Ballinger, 1983, p.7.

选择的标准。一般来说,诱惑调查对象必须为调查人员有"合理理由怀疑已经犯下或者正在实施被调查的罪行"之人。但是,在经过乔装行动审核委员会批准并得到联邦调查局局长例外准许的情况下,可以对没有前述"嫌疑"之人展开职务犯罪调查,但此类无"嫌疑"之调查对象必须属于下述任意一种情况。一种情况是,根据密探或其他方式得知的信息,有合理理由认为目标人物正在、已经或者可能参与与所调查犯罪类型相似的犯罪行为;另一种情况是,该诱惑调查所提供的犯罪机会已经被提供给目标人物,有理由认为如果目标人物因此抓住机会犯罪即可证明其有从事该种犯罪的意图。[1]但是,这种例外情况的审批程序十分严苛,实践中也极少运用。其二,审批主体对于职务犯罪诱惑调查的审批标准,为必须同时满足的三项要求:一是确保诱惑对象明知请托事项,亦即了解财物的给付并非基于感情或者友谊;二是有合理理由相信该卧底调查行动能够发现违法行为;三是所进行诱惑的性质是合理的。其三,关于乔装行动审核委员会对于整体诱惑调查行动进行审核需要考量的重要因素。对于职务犯罪的诱惑调查申请有三道审核程序,其中乔装行动审核委员会的审核标准是最为细致的,有一些因素需要综合考量,主要是要求该审核委员会通过评估调查行动可能引发的侵犯权利、造成经济损失、造成人身伤害、破坏个人亲密关系等的风险,与调查可能获得的收益进行轻重权衡,然后作出自由裁量。

2. 审判时——司法机构的合法性认定

诱惑调查成功,被告人被起诉后,可以在法庭上提出"圈套抗辩",即主张诱惑调查不合法,所得有罪证据应当被作为非法证据排除。此时,法庭需要就诱惑调查的"合法性"进行认定,以决定诱惑调查所得证据是否为非法证据。如果法庭最终认定诱惑调查不合法,那么会排除调查所得全部罪证,通常被告人因此可获无罪。美国采用的诱惑调查合法性认定标准,主要有三种——主观标准、客观标准和混合标准。

第一种为主观标准,主观标准主要被美国联邦和 2/3 的州所采纳,在 Sherman v. United States 案和 Sorrells v. United States 案中确立。这种标准采用两步进行审核,第一步审核这种诱惑侦查是否由政府探员所实施。如果该诱

---

[1]《美国司法部长关于 FBI 乔装行动的指南》第 J 节。

惑侦查不是由政府探员直接实施,而是政府探员借其他人之手实施,那么倾向于认定这种诱惑侦查是非法的。第二步审核该嫌疑人是否在面临诱惑侦查之前就倾向于(predispose)犯下该类罪行。第二步是更重要的一步,审核嫌疑人是否有实施该犯罪的预先倾向,即在"易受骗的无辜者和易受骗的罪犯之间"画一条分隔线。[1]

第二种为客观标准,被美国1/3的州所采纳,但得到了学界和《美国模范刑法典》的支持,并且影响越来越大。客观标准关注的是政府采用的诱惑侦查措施本身,即判断政府探员是否"使用了一种说服或引诱的方法,并且这种方法制造了一种实质性的危险使得其他原来并未准备实施该犯罪的人也会实施该犯罪"。[2]要适用这一标准,必须考察具体案件中的整体证据环境,比如考察被告人所实施的犯罪的通常实施方法,并判断这种诱惑侦查的方法是否给被告人留下了足够的自行进行价值判断的空间。[3]

第三种为混合标准,为最严格的诱惑调查正当性审核标准,既要求控方证明在诱惑调查开始前被告人就已有犯罪意图,还要求控方证明诱惑的程度并未过度以至于诱发被告人的犯意。美国仅有极少数几个州采纳此种认定标准。

3. 审判后——立法机构的正当性质询

根据《美国宪法》的规定,美国国会有权对政府行为进行监督,并对不称职或者违规的官员进行弹劾。美国国会的这项权力并没有停留在纸面上。在有议员落网和正当性争议的大型诱惑调查行动后,国会有时会组织"听证会",要求联邦调查局调查人员甚至局长介绍诱惑调查行动的审批过程、诱惑调查对象如何被选择以及诱惑调查手段是否合法等。1982年,在"Abscam"行动结束后,美国参议院就组织了听证会,要求联邦调查局相关官员前来回答问题,目的是评估联邦调查局和司法部如何监督此类行动,研究审核批准诱惑调查的指导方针并决定是否应制定法律加以控制等,并就联邦调查局雇佣罪犯进行调查和如何选择调查对象等细节展开争辩。[4]

---

[1] Sherman v. United States, 356 U. S. 369 (1958).

[2] See American Law Institute's Model Penal Code § 2. 13 (1962).

[3] Wayne Lafave et al., *Criminal Procedure* (*Six Edition*), West Academic Publishing, 2009, pp. 390~411.

[4] Leslie, "At the Heart of Abscam Debate", *The New York Times*, July 25, 1982, pp. 600~602.

二、诱惑调查的功能与争议

从某种意义上说，执法机构的调查措施都是为了控制犯罪和维护秩序而创设的"必要的恶"，就如同一服治疗社会疾病但有副作用的药剂。不能因为诱惑调查这剂药有副作用就不敢使用它，而是要分析其治疗疾病的可能性，并着力于减少副作用发作的可能性。

（一）诱惑调查在职务犯罪中的功能

1. 定位犯罪分子

职务犯罪不同于普通犯罪之处在于，没有具体受害人，一般情况下无人报案，因此案件一般不会自行暴露，调查方式为"由人查事"。此时，调查职务犯罪的一大难点，就成了"从谁查起"。诱惑调查的一个目的，即为定位已经犯下或者可能犯下罪行的犯罪分子，如果面对调查人员抛出的诱饵，嫌疑人毫不犹豫地迅速吃下，其态度就证明了他有犯下此类罪行的强烈倾向。[1]在宦海浸淫多年的官员，一旦被证明犯罪欲望强烈，几乎等同于证明其高度的既往犯罪嫌疑。当调查人员收到匿名举报，发现嫌疑人可能涉嫌受贿，但只有初步的证据达到引起"合理怀疑"的程度，这时如果贸然对其采取逮捕措施可能过于草率。此时，调查人员可以对其进行诱惑性的行贿，如果其"毫不犹豫"地收下贿金并且表现得非常老练坦然，调查人员就可以比较确信其有过受贿行为，后续采取较为严厉的调查措施就不易出错。

2. 进行顺向取证

其一，诱惑调查的取证方式属于同时取证，而非事后取证。传统的职务犯罪调查方式是属于追溯式的，对案件的证明往往"是从事件的结果去追溯其原因乃至原因的原因"，表现为一种逆向性的证明模式。[2]这种调查方式，是在犯罪行为已经发生后，凭借一步步地收集证据来试图还原犯罪发生时的情景，但由于时间流逝和人为破坏，试图找到证据证明过去发生的事并不容易。尤其是我国的贿赂犯罪，以现金交易为主，一旦贿赂行为结束，通常没有书证、物证或视听资料可以查证。即使是能够获取一些证据如证人证

---

〔1〕 Hay, Bruce, "Sting operations, undercover agents, and entrapment", *Missouri Law Review*, 406 (2005).

〔2〕 何家弘编著：《外国犯罪侦查制度》，中国人民大学出版社1995年版，第1页。

言,在证明价值上也存在严重不足,有错误定案的风险。而在诱惑调查过程中,调查人员对职务犯罪直接参与或监控,其对犯罪行为的认识与犯罪行为的发展过程几乎是同步的,表现为一种从"原因"到"结果"的"平行式"的证明模式,具有"同步见证"的性质,证明案件的难度显然较小,查证的准确性相对较高。其二,就定罪证据的种类而言,诱惑调查使得调查人员能更多使用诚信度较高的执法人员的证词,辅之不可反驳的录音录像证据证明嫌疑人有罪,而不必依赖嫌疑人口供。

3. 提高调查效益

如果能够投入单个案件的资源是无限的,并且调查人员的时间是无限的,那么调查手段的经济效益和破案效率就不会受到空前重视。然而前述假设在我国并不存在,紧张的经费和人手,大量等待调查的职务犯罪嫌疑人,使得减少成本和提高效率成为职务犯罪调查机构选择调查手段的关键考量因素。诱惑调查的成本低于其他手段,主要是因为诱惑调查行动抓获的职务犯罪嫌疑人众多,平均到每一个嫌疑人身上的调查成本并不高昂。诱惑调查虽然前期的准备工作耗费诸多人力物力,但从美国实践经验来看,抓获嫌疑人少则三四十人,多则近百人,抓获嫌犯数量的众多完全填补了行动成本的高昂。诱惑调查的高效,在于这种"欺骗"性的调查手段不从正面突破,而是迂回进行,在嫌疑人完全没有戒心的情况下取得犯罪证据。职务犯罪嫌疑人大多社会地位高,并且人际关系复杂,正面的调查不仅有走漏消息的风险,更面临强烈的抵抗而难以取得突破,还有在调查过程中犯罪证据存在被毁灭的风险。

4. 换取辩诉合作

职务犯罪嫌疑人面对讯问时选择缄口不言者,多存侥幸心理,认为咬紧牙关即可无罪脱身,保住公职人员的工作和身份。毕竟,原有官职和地位给予嫌疑人的富裕生活和行事便利诱惑太大,为此冒一下对抗调查的风险还是值得的。然而,一旦被诱惑调查成功,嫌疑人缄口不言在很大程度上就失去了意义,定罪几成定局,不管开不开口都逃脱不了罢官免职和定罪量刑的后果。此外,从量刑的角度而言,保持沉默而以被诱惑犯下的罪行(或者还有其他无需口供即可定罪的罪行)严格依法定罪量刑,与开口交代自己和他人的罪行,即坦白或立功换取从宽处罚,可能差距也不大。而人类普遍有倾向于合作而非对抗的心态,既然觉得脱罪已不可能,再加上量刑宽大政策的引导,嫌疑人有很大的可能性会选择与调查人员合作,不但交代自身罪行,还可能指证其他涉案人员,降低调查人员搜集证据的重重困难。

5. 阻遏潜在犯罪

诱惑调查有特殊的阻遏犯罪功效。一方面,诱惑调查一旦被应用于职务犯罪,即使运用极少,也会降低潜在贿赂双方互相的信任感。职务犯罪,尤其是贿赂犯罪,需要受贿方与行贿方有高度信任才会使犯罪得以实施。如果贿赂双方缺乏高度信任,则贿赂行为可能仅仅停留在试探阶段而不会实际发生。另一方面,潜在的犯罪人获悉警察可能采用圈套的策略,就不那么容易受到犯罪的引诱。潜在的受贿人因担心前来行贿之人可能是乔装的调查人员,衡量其中受贿利益和刑罚风险之轻重,可能会选择拒绝受贿。

(二) 诱惑调查措施应用的批判

1. 官员易受诱惑论

龙宗智教授提出,社会转型期官员自律能力不足。我国当前处于社会转型期,防止官员腐败的制度不健全,而公民个体间收入差距大,使得身居要职的官员付出多而收入少,心理不平衡,容易因诱惑调查落网;当前国家财政收入有限,无法实现高薪养廉,尤其是经济落后地区的官员收入低,也导致其自律能力差。这一观点以官员收入低和自律差为由反对诱惑调查,有一定合理性。[1]

2. 泛用危害稳定论

有观点认为,普遍的诱惑调查会导致波及面过大,损害政权形象和稳定,使干部人人自危,形成政治恐慌症。这种担心不无道理,如果诱惑调查在职务犯罪领域被不分对象地广泛使用,演变为大规模的"道德测验",确实有制造犯罪和引发恐慌的隐忧。

3. 滥用打击政敌论

有观点认为,诱惑调查可能被用作政治打击手段,服务于陷害异己的不正当目的。这也是域外反对诱惑调查的重要理由。美国法官奥尔迪泽特写道:"提供实施犯罪之诱惑的权力等同于决定谁应当被诱惑的权力。它可能

---

[1] 龙宗智:"诱惑侦查不宜针对官员",载《检察风云》2006年第5期,第55页。

会并且经常会被政府用来清除政敌，或者被某一个派系用来清除另一个。"[1]

  技术调查措施在我国职务犯罪调查中尚且面临巨大争议，遑论诱惑调查措施。短期来看，诱惑调查措施由于可能威胁党内稳定团结以及容易陷人入罪的原因，在我国职务犯罪调查中并不具备采用的可能性。我国经济急速扩张的背景之下，是企业家行贿意图普遍、官员权力裁量空间广泛和司法机关清廉程度不高的现状，腐败是令社会困扰的严重问题。腐败问题在美国，并没有像暴力、枪支和毒品犯罪一样成为选民关注的热点。我国监察委员会实践中能够或者敢于采取的调查措施种类比美国FBI少得多，而需要调查的腐败犯罪却比美国重大和复杂得多，模仿美国走向职务犯罪调查体制的"现代化"可能会引发调查权力的失控和党内团结的破裂，而吸取传统理念和办案经验依赖留置措施和怀柔政策，[2]则又会逐渐偏离现代刑事诉讼法发展的轨道。从长远发展的角度来看，如何确定我国职务犯罪调查体制的改革方向，是我国法治化进程中面临的一个重大难题。

---

  [1] See United States v. Jannotti, 673 F. 2d 578, 613 n. 5 (3rd Cir. 1982) (Aldisert, J., dissenting).
  [2] 参见明辉："'御史监察'的历史构造与运转实效"，载《法学研究》2020年第4期，第186~208页。该文梳理了唐朝御史调查官员违法犯罪案件的记录，发现其中有11人涉嫌贪污受贿犯罪，除吏部侍郎李彭年被判处流刑外，其余10人均被免予刑罚或者判处贬官罢官、扣除俸禄和追缴赃款等轻缓的非监禁刑。

参考文献

一、中文著作（以作者姓氏的声母为序）

[1] 蔡墩铭：《刑事诉讼法论》（修订版），五南图书出版公司1993年版。

[2] 陈光中主编：《刑事诉讼法》（第6版），北京大学出版社、高等教育出版社2016年版。

[3] 陈瑞华：《刑事证据法》（第3版），北京大学出版社2018年版。

[4] 陈瑞华：《论法学研究方法：法学研究的第三条道路》，北京大学出版社2009年版。

[5] 陈瑞华：《刑事诉讼的前沿问题》（第5版），中国人民大学出版社2016年版。

[6] 陈瑞华：《程序性制裁理论》（第3版），中国法制出版社2017年版。

[7] 陈永生：《刑事诉讼的宪政基础》，北京大学出版社2010年版。

[8] 城仲模：《行政法之基础理论》，三民书局1988年版。

[9] 程雷：《秘密侦查比较研究——以美、德、荷、英四国为样本的分析》，中国人民公安大学出版社2008年版。

[10] 《邓小平文选》（第3卷），人民出版社1993年版。

[11] 段龙飞、任建明编著：《香港反腐败制度体系研究》，中国方正出版社2010年版。

[12] 何家弘编著：《外国犯罪侦查制度》，中国人民大学出版社1995年版。

[13] 黄朝义：《刑事诉讼法》（第4版），新学林出版股份有限公司2014年版。

[14] 李文玲：《中国古代刑事诉讼法史》，法律出版社2011年版。

[15] 李心鉴：《刑事诉讼构造论》，中国政法大学出版社1992年版。

[16] 刘宪权、谢杰：《贿赂犯罪刑法理论与实务》，上海人民出版社2012年版。

[17] 《毛泽东选集》（第5卷），人民出版社1977年版。

[18] 倪泽仁主编：《贪污贿赂犯罪案件重点难点疑点新释新解》，中国检察出版社2013年版。

[19] 苏彩霞、胡陆生、蒋建宇：《〈联合国反腐败公约〉与我国刑事法的协调完善》，吉林大学出版社2008年版。

[20] 孙长永：《侦查程序与人权——比较法考察》，中国方正出版社 2000 年版。

[21] 孙长永主编：《现代侦查取证程序》，中国检察出版社 2005 年版。

[22] 田禾主编：《亚洲反腐败法律机制比较研究》，中国人民公安大学出版社 2009 年版。

[23] 汪建成：《冲突与平衡——刑事程序理论的新视角》，北京大学出版社 2006 年版。

[24] 王桂五主编：《中华人民共和国检察制度研究》，法律出版社 1991 年版。

[25] 王蘧常撰：《秦史》，上海古籍出版社 2000 年版。

[26] 王晓霞：《职务犯罪侦查制度比较研究——以侦查权的优化配置为视角》，中国检察出版社 2008 年版。

[27] 尉健行：《论党风廉政建设和反腐败斗争》，中央文献出版社、中国方正出版社 2009 年版。

[28] 法学教材编辑部《宪法学》编写组：《宪法学》，群众出版社 1983 年版。

[29] 向燕：《刑事侦查中隐私权领域的界定》，中国政法大学出版社 2011 年版。

[30] 杨远波编著：《贪污贿赂犯罪证明结构与证据标准》，中国检察出版社 2012 年版。

[31] 郑谦等：《当代中国政治体制发展概要》，中共党史资料出版社 1988 年版。

二、中文译作（以作者姓氏的字母为序）

[1] ［德］马克斯·韦伯：《论经济与社会中的法律》，张乃根译，中国大百科全书出版社 1998 年版。

[2] ［德］托马斯·魏根特：《德国刑事诉讼程序》，岳礼玲、温小洁译，中国政法大学出版社 2004 年版。

[3] ［法］卢梭：《社会契约论》，何兆武译，商务印书馆 1997 年版。

[4] ［法］孟德斯鸠：《论法的精神》（上卷），许明龙译，商务印书馆 2012 年版。

[5] ［法］托克维尔：《论美国的民主》（上卷），董果良译，商务印书馆 1995 年版。

[6] ［美］罗纳德·德沃金：《法律帝国》，许杨勇译，上海三联书店 2016 年版。

[7] ［美］罗纳德·J. 艾伦、理查德·B. 库恩斯、埃莉诺·斯威夫特：《证据法：文本、问题和案例》，张保生、王进喜、赵滢译，满运龙校，高等教育出版社 2006 年版。

[8] ［美］虞平、郭志媛编译：《争鸣与思辨——刑事诉讼模式经典论文选译》，北京大学出版社 2013 年版。

[9] ［日］田口守一："逮捕后的人身羁押"，载［日］西原春夫主编：《日本刑事法的形成与特色》，李海东等译，法律出版社、日本成文堂 1997 年版。

[10] ［日］田口守一：《刑事诉讼法》，刘迪、张凌、穆津译，卞建林审校，法律出版社 2000 年版。

[11] ［意］贝卡里亚：《论犯罪与刑罚》，黄风译，中国法制出版社 2005 年版。

［12］罗结珍译：《法国新刑法典》，中国法制出版社 2003 年版。

［13］罗结珍译：《法国刑事诉讼法典》，中国法制出版社 2006 年版。

［14］宋冰编：《程序、正义与现代化——外国法学家在华演讲录》，中国政法大学出版社 1998 年版。

［15］宋冰编：《读本：美国与德国的司法制度及司法程序》，中国政法大学出版社 1999 年版。

三、中文论文（以作者姓氏的字母为序）

［1］卞建林："职务犯罪侦查权的配置与规制"，载《河南社会科学》2011 年第 4 期。

［2］卞建林："配合与制约：监察调查与刑事诉讼的衔接"，载《法商研究》2019 年第 1 期。

［3］蔡乐渭："国家监察机关的监察对象"，载《环球法律评论》2017 年第 2 期。

［4］陈光中、邵俊："我国监察体制改革若干问题思考"，载《中国法学》2017 年第 4 期。

［5］陈红太："从党政关系的历史变迁看中国政治体制变革的阶段特征"，载《浙江学刊》2003 年第 6 期。

［6］程雷："'侦查'定义的修改与监察调查权"，载《国家检察官学院学报》2018 年第 5 期。

［7］陈瑞华："论监察委员会的调查权"，载《中国人民大学学报》2018 年第 4 期。

［8］陈瑞华："审前羁押的法律控制——比较法角度的分析"，载《政法论坛》2001 年第 4 期。

［9］陈瑞华："非法证据排除程序再讨论"，载《法学研究》2014 年第 2 期。

［10］陈瑞华："刑事强制措施改革的新动向与新思考"，载《人民检察》2008 年第 24 期。

［11］陈瑞华："论国家监察权的性质"，载《比较法研究》2019 年第 1 期。

［12］陈伟："'严格责任'抑或'推定责任'——性侵未满 12 周岁幼女的责任类型辨识"，载《法学家》2014 年第 2 期。

［13］陈兴良："贪污贿赂犯罪司法解释：刑法教义学的阐释"，载《法学》2016 年第 5 期。

［14］陈永生："司法经费与司法公正"，载《中外法学》2009 年第 3 期。

［15］陈永生："计算机网络犯罪对刑事诉讼的挑战与制度应对"，载《法律科学（西北政法大学学报）》2014 年第 3 期。

［16］陈永生："我国刑事误判问题透视——以 20 起震惊全国的刑事冤案为样本的分析"，载《中国法学》2007 年第 3 期。

[17] 崔英楠:"域外财产申报制度的确立与启示",载《北京联合大学学报(人文社会科学版)》2015年第2期。

[18] 邓思清:"侦查程序诉讼化研究",载《国家检察官学院学报》2010年第2期。

[19] 樊崇义:"全面建构刑诉法与监察法的衔接机制",载《人民法治》2018年第11期。

[20] 樊发忠:"建立第三侦查机关的构想",载《检察研究》1992年第2期。

[21] 冯俊伟:"国家监察体制改革中的程序分离与衔接",载《法律科学(西北政法大学学报)》2017年第6期。

[22] 高荐辑:"韩国检察机关及其反贪机构",载《人民检察》1995年第5期。

[23] 龚兵:"俄罗斯财产申报立法发展对中国的借鉴意义",载《学术交流》2018年第3期。

[24] 龚培华:"职务犯罪技术侦查的困境与对策",载《法学》2014年第9期。

[25] 何家弘:"论推定规则适用中的证明责任和证明标准",载《中外法学》2008年第6期。

[26] 何晴:"'感情投资型'受贿行为是否构成受贿罪",载《中国检察官》2011年第24期。

[27] 胡锦光:"论监察委员会'全覆盖'的限度",载《中州学刊》2017年第9期。

[28] 黄武:"做好深度融合这篇大文章",载《中国纪检监察》2017年第13期。

[29] 兰跃军:"比较法视野中的技术侦查措施",载《中国刑事法杂志》2013年第1期。

[30] 劳东燕:"认真对待刑事推定",载《法学研究》2007年第2期。

[31] 李红勃:"迈向监察委员会:权力监督中国模式的法治化转型",载《法学评论》2017年第3期。

[32] 李洁:"为他人谋取利益不应成为受贿罪的成立条件",载《当代法学》2010年第1期。

[33] 李琳:"论'感情投资'型受贿犯罪的司法认定——兼论受贿罪'为他人谋取利益'要件之取消",载《法学论坛》2015年第5期。

[34] 梁玉霞:"论污点证人作证的交易豁免——由綦江虹桥案引发的法律思考",载《中国刑事法杂志》2000年第6期。

[35] 刘重春:"韩国公务员财产申报制度及其借鉴意义",载《学习与实践》2010年第9期。

[36] 刘玫:"论监察委员会的调查措施",载《学习与探索》2018年第1期。

[37] 刘计划、高通:"组建职务犯罪专门侦查机构的设想",载《法学论坛》2008年第4期。

[38] 刘夏："论我国反腐败机构的整合与完善——以监察体制改革为视角"，载《理论导刊》2017年第2期。

[39] 刘艳红："中国反腐败立法的战略转型及其体系化构建"，载《中国法学》2016年第4期。

[40] 刘小妹："人大制度下的国家监督体制与监察机制"，载《政法论坛》2018年第3期。

[41] 刘忠："读解双规侦查技术视域内的反贪非正式程序"，载《中外法学》2014年第1期。

[42] 龙大轩、原立荣："御史纠弹：唐代官吏犯罪的侦控程序考辨"，载《现代法学》2003年第2期。

[43] 龙宗智："监察与司法协调衔接的法规范分析"，载《政治与法律》2018年第1期。

[44] 龙宗智："诱惑侦查不宜针对官员"，载《检察风云》2006年第5期。

[45] 罗猛："巨额财产来源不明罪举证责任的思考"，载《国家检察官学院学报》2013年第6期。

[46] 马怀德："再论国家监察立法的主要问题"，载《行政法学研究》2018年第1期。

[47] 本刊记者："聚焦国家监察体制改革"，载《浙江人大》2016年第12期。

[48] 潘剑锋："高薪制：审判公正、廉洁和法官高素质的基本保障"，载《政法论坛》2001年第6期。

[49] 彭成义、张宇燕："美国的官员财产申报与公示制度"，载《美国研究》2017年第6期。

[50] 秦前红："我国监察机关的宪法定位以国家机关相互间的关系为中心"，载《中外法学》2018年第3期。

[51] 屈新、梁松："建立我国污点证人豁免制度的实证分析——以贿赂案件为例"，载《证据科学》2008年第6期。

[52] 桑本谦、李华："检察机关预防职务犯罪的困境和出路"，载《当代法学》2010年第3期。

[53] 施鹏鹏："诱惑侦查及其合法性认定——法国模式与借鉴意义"，载《比较法研究》2016年第5期。

[54] 谭世贵："监察体制改革中的留置措施：由来、性质及完善"，载《甘肃社会科学》2018年第2期。

[55] 田宏杰："诱惑侦查的正当性及其适用限制"，载《政法论坛》2014年第3期。

[56] 万毅："违法诱惑侦查所获证据之证据能力研究"，载《法律科学（西北政法大学学报）》2010年第4期。

[57] 王东:"技术侦查的法律规制",载《中国法学》2014年第5期。

[58] 王旭:"国家监察机构设置的宪法学思考",载《中国政法大学学报》2017年第5期。

[59] 王译:"职务犯罪调查程序中的公职律师行使法律帮助权之探讨",载《华南理工大学学报(社会科学版)》2019年第1期。

[60] 汪海燕:"建构我国污点证人刑事责任豁免制度",载《法商研究》2006年第1期。

[61] 瓮怡洁、陈永生:"职务犯罪特殊侦查措施的法律规制与犯罪嫌疑人权利保障",载《人民检察》2010年第6期。

[62] 吴建雄、李春阳:"健全国家监察组织架构研究",载《湘潭大学学报(哲学社会科学版)》2017年第1期。

[63] 吴建雄:"国家监察体制改革的法治逻辑与法治理念",载《中南大学学报(社会科学版)》2017年第4期。

[64] 吴建雄:"对国家监察立法的认识与思考",载《武汉科技大学学报(社会科学版)》2018年第2期。

[65] 吴高庆:"建立我国反腐败专职机构的构想",载《甘肃社会科学》2005年第3期。

[66] 谢登科:"论国家监察体制改革下的侦诉关系",载《学习与探索》2018年第1期。

[67] 熊秋红:"监察体制改革中职务犯罪侦查权比较研究",载《环球法律评论》2017年第2期。

[68] 熊秋红:"美国非法证据排除规则的实践及对我国的启示",载《政法论坛》2015年第3期。

[69] 熊瑛:"污点证人作证豁免制度与立功制度的比较考察——兼论构建我国污点证人作证豁免制度",载《湖北社会科学》2011年第8期。

[70] 徐静村、潘金贵:"作证豁免制度研究",载《西南民族大学学报(人文社科版)》2004年第2期。

[71] 杨志刚:"英国诱惑侦查制度的评析与借鉴",载《现代法学》2006年第2期。

[72] 杨砚文、姜博文:"被裁定'行为失当'曾荫权入刑",载《财新周刊》2017年第8期。

[73] 张建伟:"监察至上还是三察鼎立——新监察权在国家权力体系中的配置分析",载《中国政法大学学报》2018年第1期。

[74] 张晃榕:"如何作出政务处分决定初探",载《中国纪检监察》2018年第6期。

[75] 张智辉:"检察侦查权的回顾、反思与重构",载《国家检察官学院学报》2018年第3期。

[76] 赵秉志:"国际社会惩治商业贿赂犯罪的立法经验及借鉴",载《华东政法学院学

报》2007 年第 1 期。

[77] 朱孝清：“职务犯罪侦查措施研究”，载《中国法学》2006 年第 1 期。

[78] 左卫民、唐清宇：“制约模式：监察机关与检察机关的关系模式思考”，载《现代法学》2018 年第 4 期。

四、新闻报纸文章

[1] 高鑫：“北京‘留置首案’释放哪些反腐新动向？”，载《京华时报》2017 年 6 月 4 日。

[2] “国家监察体制改革试点取得实效———国家监察体制改革试点工作综述”，载《人民日报》2017 年 11 月 6 日。

[3] 郝铁川：“循序渐进完善人大代表制度”，载《法制日报》2015 年 10 月 13 日。

[4] 贺夏蓉：“准确把握监察机关的政治属性”，载《中国纪检监察报》2018 年 6 月 14 日。

[5] 李渡：“追究违法审判　确保公正执法”，载《人民日报》2000 年 9 月 13 日。

[6] 邵世伟：“'牢头'袁连芳：作伪证，为什么”，载《南方周末》2013 年 5 月 16 日。

[7] "王立军涉叛逃徇私枉法等四罪被公诉"，载《新京报》2012 年 9 月 6 日。

[8] 王少伟：“以首善标准完成监察体制改革试点任务——北京开展国家监察体制改革试点工作纪实（上）”，载《中国纪检监察报》2017 年 6 月 1 日。

[9] 王新友：“对行贿犯罪还要宽容多久”，载《检察日报》2012 年 8 月 8 日。

五、学位论文

[1] 王建明：“职务犯罪侦查措施研究”，中国政法大学 2007 年博士学位论文。

[2] 余捷：“职务犯罪侦查模式论”，西南政法大学 2006 年博士学位论文。

[3] 郭云忠：“刑事诉讼谦抑论”，中国政法大学 2005 年博士学位论文。

六、英文文献

[1] Bancroft-Whitney Company's Editorial staff, *Deering's California Penal Code*, Los Angeles：Bancroft-Whitney Company, 1980.

[2] Blackstock, Jodie, *Inside police custody：an empirical account of suspects′ rights in four jurisdictions*, Cambridge：Intersentia, 2014.

[3] Caplan, Gerald, *ABSCAM ethics：moral issues and deception in law enforcement*, Cambridge. MA：Ballinger, 1983.

[4] Dan Hough, *Corruption, anti-corruption and governance*, New York：Springer, 2013.

[5] Ian McWalters, *Bribery and Corruption Law in Hong Kong* (third edition), China: Lexis Nexis, 2015.

[6] Kelly Strader, *Understanding White Collar Crime* (fourth edition), Durham: Carolina Academic Press, 2017.

[7] Michael Zander, *The Police and Criminal Evidence Act* 1984 (Third Edition), London: Sweet&Maxwell, 1995.

[8] Natapoff Alexandra, *Snitching: Criminal informants and the erosion of American justice*, New York: NYU Press, 2009.

[9] Nicholas Herman, *Plea Bargaining* (Third Edition), New York: Juris Publishing, 2012.

[10] Paul S·Diamond, *Federal Grand Jury Practice and Procedure* (Fifth Edition), Huntington: Juris Publishing, 2012.

[11] Paul Marcus, *The Entrapment Defense* (Fourth Edition), Washington: Matthew Bender & Company, 2009.

[12] Sherman Ted, and Josh Margolin, *The Jersey Sting: A True Story of Crooked Pols, Money-Laundering Rabbis, Black Market Kidneys, and the Informant Who Brought It All Down*, New York: St. Martin's Press, 2011.

[13] Steven Emanuel, *Evidence*, Boston: Aspen Law & Business, 2001.

[14] Stapenhurst Rick, *Curbing corruption: Toward a model for building national integrity*, Washinton: World Bank Publications, 1999.

[15] Wayne Lafave, Jerold Israel, Nancy King, Orin Kerr, *Criminal Procedure: Investigation* (second edition), Eagan: West Academic Publishing, 2009.

[16] Wayne Lafave, Jerold Israel, Nancy King, Orin Kerr, *Criminal Procedure* (Six Edition), Eagan: West Academic Publishing, 2009.

[17] Brown G, "Prevention of corruption-UK legislation and enforcement", *15 Journal of Financial Regulation and Compliance*, 2007.

[18] David Hamer, "The presumption of innocence and reverse burdens: A balancing act", *1 The Cambridge Law Journal*, 2007.

[19] David Hamer, "Presumptions, standards and burdens: managing the cost of error", *13 Law, Probability and Risk*, 2014.

[20] De Sousa, Luís, "Anti-corruption agencies: between empowerment and irrelevance", *53 Crime, law and social change*, 2010.

[21] Francis Fukuyama, "Asia's Soft-Authoritarian Alternative", *9 New Perspectives Quarterly*, 1992.

[22] Gottfried, Theodore A., and Peter G. Baroni, "Presumptions, Inferences and Strict Liability in Illinois Criminal Law: Preempting the Presumption of Innocence", *41 The John Marshall Law Review*, 2007.

[23] Hay Bruce, "Sting operations, undercover agents, and entrapment", *70 Missouri Law Review*, 2005.

[24] Hodgson, Jacqueline, "The Role of Lawyers During Police Detention and Questioning", *7 Contemporary Readings in Law and Social Justice*, 2015.

[25] Kelly, Elizabeth H, "Applying the Presumption of Mens Rea to a Sentencing Factor: Does 18 USC 924 (c) (1) (A) (iii) Penalize the Accidental Discharge of a Firearm", *41 Suffolk University Law Review*, 2007.

[26] Leslie, "At the Heart of Abscam Debate", *The New York Times*, 1982.

[27] Madhloom Laura, "Corruption and a Reverse Burden of Proof", *75 The Journal of Criminal Law*, 2011.

[28] Meagher Patrick, "Anti-corruption agencies: Rhetoric Versus reality", *8 The Journal of Policy Reform*, 2005.

[29] Ronald Allen, "How Presumptions Should Be Allocated-Burdens of Proof, Uncertainty, and Ambiguity in Modern Legal Discourse", *17 Harvard Journal of Law & Public Policy*, 1994.

[30] Saunders Kevin, "The Mythic Difficulty in Proving a Negative", *15 Seton Hall Law Review*, 1985.

[31] Singer Richard, "The Model Penal Code and Three Two (Possibly Only One) Ways Courts Avoid Mens Rea", *4 Buffalo Criminal Law Review*, 2000.

[32] Tangri Roger, and Andrew Mwenda, "Politics, donors and the ineffectiveness of anti-corruption institutions in Uganda", *44 The Journal of Modern African Studies*, 2006.

[33] Warin Joseph, Charles Falconer, and Michael S, "British are Coming: Britain Changes Its Law on Foreign Bribery and Joins the International Fight against Corruption", *46 Texas International Law Journal*, 2010.